U0019385

女子人際學

女子が毎日トクをする
人間関係のキホン

受男性欣賞，女性喜愛，
人際關係瞬間提升的
100個教戰守則

有川真由美 著
葉韋利 譯

推薦序

獲得幸福人生的三種睿智方法

職場作家　黃大米

我們都渴望過著幸福、快樂的人生，為何這樣簡單的希望，卻往往無法達到？是這個期待太難？還是我們一直往錯誤的方向前進，以至於愈用力，愈無法抵達期待中的天堂？

坦白說，我是個很會吵架的人，我的專長是口齒伶俐、反應快速，舌戰群雄，不求戰也不畏戰，這麼神勇的我，有從吵架中得到什麼嗎？

出一口氣吧！

僅僅得到這五個字，卻耗費了我這輩子許許多多的精氣神，也徒增煩惱與敵人。

吵架真的不應該嗎？

請你跟我一起回想，你這輩子有因為「吵架」得到什麼嗎？還是失去的更多？跟家人吵架，往往兩敗俱傷，只是消耗磨損彼此的感情而已，我察覺到這事情，是在三十幾歲時；徹底認清「吵架」的徒勞無功，是在翻閱這本書的時候。

本書在第一章就開宗明義地說「爭吵不會有任何好處」，你得到對方說「對不起」的機率很低，大多數彼此只會冷戰、關係惡化、互相傷害等等。

為什麼我們會錯誤地認為「吵架」是一種溝通？「吵架」可以替自己帶來任何好處嗎？

我認為是我們看了太多的「新聞」跟「戲劇」。請試想如果你把人生過得像在「立法院質詢」、或是「鄉土劇中頻頻對別人呼巴掌」的情境下，這樣的人生會幸福嗎？

新聞的取材要的是偏鋒、不正常；鄉土劇的劇情，是要把事情鬧越大越好，每個灑狗血橋段都會帶來收視率，新聞跟連續劇從來不曾打算教我們溝通，也不想指導我們過幸福人生，因為幸福的人生往往太平淡，非常不好看。「不好看」等於沒收視率，而所謂的「好看」等於高潮迭起與衝突連連，戲劇性「好看」，等於「好累」的人生。

幸運的是，本書中藏有可以讓人生變幸福的方法，尤其對女性來說，很多不開心往往來自人際關係，如何淡化衝突，進而不影響自己的人生呢？有些想法跟作法你可以參考看看：

一、認清你無法改變他人。

如果你可以認清自己「無法改變他人」的事實，你內心深處渴望兩人一致認為的「正確答案」並不存在，了解用盡寶貴時間爭論「正確與否」是徒勞，當你放棄想要改變別人的念頭時，你會突然覺得天地遼闊。

二、與看不順眼的人保持距離。

人際關係不理想時，一定要改善嗎？強求人人都喜歡你，才是煩惱的源頭。請你接受，世界上有些人就是會跟你不對盤的事實，你又不是錢，怎麼可能人人都會喜歡你。

互看不順眼，就互看不順眼吧，這樣想你會好過很多，有些事情是無法強求的，只要你能想著「感情不好也無所謂」、「保持距離就好」，日子會更輕鬆愜意。

三、面對無理怒罵請放空。

如果有人對你大聲斥責時，請不要回嘴，想講就讓他講吧。假裝聽著，只要心中想著對方那些討人厭的行為，基本上都是對方的問題，並不是你的問題就好。

當你發覺的自己快要發火時，請試著改變空間、擱置時間、採取其他行動，不要讓自己一直處在那樣的情境，就可以讓心情冷靜下來。

光用這三招，就能讓你冷眼面對許多討人厭的事物，遇到討厭的對象，如果你老是想著「太過分」、「真誇張」、「無法接受」會覺得壓力很大，面對惱人的對象就想想「世界上也有這種人」，或者當作在了解「異國文化」，在面對於另外一個國家的文化跟我們不同，我們也不會有太多情緒是吧！

過往的我，喜怒哀樂過於鮮明，在人際關係上吃了許多虧，明明是想得到愛，但行為上卻是在推開愛。這本書像是一個良醫，以溫柔的方式，點出我以及大多數人常犯的錯誤。作者暖心地提供修正的方法，讓每個人都能把日子過得寧靜，並讓人際關係變得和諧。

一念天堂，一念地獄，他人的言論是地獄，但別人對我們的評論，往往說過就忘，他們並沒有這樣在乎我們，是我們被這些隨意的評價困住了，想要人生不死在別人嘴裡的祕訣，就是你要能改變自己的心念與應對方法。

這是一本可以讓你從蠻幹、對幹，轉變成有智慧處理事情的書，也是一本教你從非要爭個輸贏，轉為思考如何創造雙贏，求得圓滿的書。

當你透過閱讀往對的方向走去時，就能抵達身心寧靜與人互動愉快的天堂，行為的累積非一朝一夕，改變自己的行為也需要一點時間，這本對我幫助很大的書，希望也能對你的人生有所助益。

推薦序

職場女性的新未來

國際演說家暨情緒管理專家　吳娟瑜

職場女性，簡稱ＯＬ（office lady），可分成三種類型：

一、自我矮化型

在主管、同事、客戶面前總是低聲下氣、委屈求全。明明自己站得住立場，當對方大聲一點、語帶威脅，立刻淚如雨下，或暗自悲嘆。

當自我矮化型的ＯＬ把自己降格，看不到自己的好，別人當然也就漠視她的優秀之處了。

二、自我膨脹型

這種不可一世的ＯＬ喜歡呼風喚雨，在辦公室扮演領頭羊的角色，有時還越過上層主管，對同事吆喝。

自我膨脹型的ＯＬ自我感覺過度良好，她們疏忽職場倫理，欠缺人我界限的分寸拿捏。

三、自我肯定型

這是二十一世紀ＯＬ的最新形象，不但從學識、態度、專業素養日日精進，在職場上，遵從企業組織的層級倫理，在會議上，樂於提議所知所學。若有意見不同的情事發生，自我肯定型的ＯＬ會樂意聆聽，彼此協調，共同找出對公司有利的方案。

以上三種類型，相信讀者已做好選擇，顯然自我肯定型的ＯＬ是我們的首選。因為，職場生涯是求學階段的延續，可以開發自我潛能、探索內在耐挫力，還可以在專業領域上塑造獨樹一格的特質。

然而，日新月異的職場，ＯＬ要能因應人際關係的複雜多變，以及配合公司轉型時的人事變革外，還有長江後浪推前浪，一群群青春洋溢的ＯＬ逐步頭角崢嶸，這時候，她們的心理壓力將與日遽增。

《女子人際學：受男性欣賞、女性喜愛、人際關係瞬間提升的100個教戰守則》正是一本陪伴ＯＬ找到紓解壓力、找對思維並起而行動的好書。

一百個教戰守則，可以讓ＯＬ「瞬間」自我調適。沒錯，就是「瞬間」，因為本書提供的訊息正確，提醒的角度明確，可以讓ＯＬ快速理解，並找到調整人際關係的好方法。

我的職場生涯，多年來一直秉持「做對選擇比努力更重要」的信念，相信各位ＯＬ和我一樣，我們都有力爭上游、努力不懈的工作態度，但是若能比「努力」更進一步，先「做對選擇」，弄懂人際關係的眉角，明白上下溝通的竅領，又能適時調整自我的心態，相信在職場上就會遊刃有餘。

書中有不少篇章深得我心，例如：「絕不要對上對方的煩躁頻率」、「與其關心『別人怎麼想？』不如重視『自己怎麼做？』」、「使用正念療法跳脫心理疲倦的迴圈」、「面對年長女性應表達強烈尊敬」、「接受午餐招待要道謝兩次」等等。

這些觀念新穎，符合時代潮流，既不自我矮化，又不自我膨脹，就是做對選擇做自己，讓自己成為識大體，又有存在感的ＯＬ，多好呀！

前言

讓人嚮往「想跟這種人交朋友」的人。
雖然為人灑脫，卻禮貌周到且溫暖的人。
能清楚表達自己的意見，也能妥善因應與他人衝突的人。
不想討好所有人，卻也不會與任何人為敵的人……

本書設定的目標，是成為這樣的女性。

簡言之，是成為重視自己、也珍惜他人，在人際關係上圓滿的人。

這種人總是「無往不利」。

她們的身邊會出現一些現象，例如，「不再有討厭的人」、「能獲得他人的好評」、「許多方面都進步了」；而且即使到了新環境，「很快就能和其他人打成一片」、「別人願意分享資訊」、「任何事情都會有人主動幫忙」等等。

光是改善了人際關係，每天的生活、工作，都會出現驚人的變化。

我將認識的一些優秀女性在人際關係中所使用的技巧，以及在不同職場裡實際經歷過的行為中，篩選出效果絕佳的方法，歸納整理成一百個小訣竅集結成書。

各位在閱讀時看到「這個好像很有用」的項目，不妨積極嘗試看看。

每次問女性朋友：「現在有什麼煩惱？」聽到的回答都是「有個很討人厭的同事」、「整天被主管找麻煩」、「跟父母處得不太好」、「男友（先生）不了解我」等，最先想到的總是人際關係上的問題。

然而，該如何拿捏人與人之間的關係，在學校裡沒有人好好教過我們，到了職場也幾乎沒有人指導。

難道各位不想要靜下心來，嘗試養成一些妥善應對的方法嗎？

只要改變自己應對的模式，就能立刻體會到對方的態度也會跟著轉變。更重要的是，當自己的心情變得輕鬆愉快，那些沒頭沒腦的煩躁、苦惱也就跟著減少。

「人際關係」雖然是煩惱的根源，另一方面卻是支持及提升女性的人生，並帶來好運的關鍵。

人際關係中存在著，有些無論花費多少金錢與努力都無法獲得的收穫。

你從這本書裡學會人際關係的技巧之後，便可以得到這些好處。

那麼，首先就傳授各位第一項「不跟別人衝突」的方法。

不管對方說了多難聽的話，絕不隨之起舞的你才是真正有魅力！

目錄

第4章 如何在人際關係上不吃虧

第5章　成熟大人的說話藝術

第6章　不隨著別人起舞的生活

第7章 真誠對待別人，真實面對自己

第1章

做個不過分討好、也不四面樹敵的人

01 在人際關係上，衝突終究要吃虧

⇩⇩ **人生勝利法**

本書一開始想告訴各位的是：

「與人衝突只有吃虧」。

「不衝突才能無往不利」。

比方說，某人故意找碴或是惡言相向、瞧不起人等，對方的言行舉止讓人惱怒時，你會不會有股衝動想要以同樣惡毒的態度反擊呢？

假設，某人以一副高高在上的姿態，對你說了難聽的話。

你在一氣之下反唇相譏：「你這是什麼意思？你有什麼資格來講我？」對方的攻擊很可能變本加厲，兩人就吵起來了。

這時請好好想一想。你這麼做，得到了什麼呢？

難道對方會說「對不起，我不該看不起你」而向你道歉嗎？

這種狀況幾乎不會發生吧。多半是彼此覺得尷尬，要不然就是關係緊張、冷嘲熱諷，或是無視對方或惡言相向。

和別人產生衝突，身心一定會疲憊不堪。

另外，還有這種狀況：

你想要與對方比較，一爭高下，不知不覺就形成對峙的局面。面對別人指責都是你的錯時，不反嗆個幾句就不罷休；遇到老是吵架吵不贏的對手，忍不住想方設法要擊敗她；發現對方硬將自己的價值觀加諸在別人身上，就想盡辦法抵抗。如果有這種狀況，相信隨時都會覺得心煩氣躁、精疲力竭。

這類的「衝突」，會造成莫大損失。

不但浪費了大量的時間與精力，在惡化的人際關係之下，也會影響工作與生活的品質。

跟就算贏了也沒有任何好處的對手產生衝突，這行為實在是奇蠢無比。

執著於眼前芝麻綠豆大的衝突，要冒的風險實在太大。

本書首先要告訴各位的是「不戰而勝」的方法。

聰明的女性，不會拘泥於與別人之間的輸贏，而是在接受別人恩惠的同時，讓自己的人生邁向勝利之道。

02 生氣時，就轉念想「這是對方的問題」

⇩⇩ 怒氣攻心時可用的祕訣

當別人對你說些難聽的話，或是忽視你、批評你，這種時候任誰都會感到憤怒吧？而且立刻想對惹惱你的人報復、反擊回去。

不過，在盛怒之下與人衝突，你能得到什麼呢——只有心情上一時的暢快吧？即使暫時覺得為自己出了一口氣，但與對方之間卻產生間隙。況且，不管是為了什麼理由吵架，在旁人眼裡總給人「這兩個人真幼稚」的印象。或許你覺得這很莫名其妙，認為「錯又不在我」，但仍會被視為與對方是同一類人。

所以告訴自己，「爭吵也不會有任何好處，只會吃虧」。

不過話說回來，遭受批評總是令人不開心。

遇到這種狀況，該怎麼克制內心的激動情緒呢？

只要心想「那個人討人厭的地方，其實是他自己的問題」就行了。正因為你想太多，希望那個人能改一改，才會掉入針鋒相對的陷阱。

我們希望身邊的人都能改變一些小缺點。比方說動不動就愛抱怨、老是覺得自己高高在上，想和別人一較高下、一找到別人的弱點就攻擊、硬把自己的價值觀加諸在別人身上等，這種人數都數不清。

這些人的「討人厭之處」就是他「令人同情」的地方。

可能是因為他生長的環境或是人際關係，導致他的個性變成這樣。但這是「對方的問題」，與我們無關，不需要傷腦筋。

我們能做的，只有留意別讓自己的心也遭到毒害。

我想讓各位了解，人際關係的前提是「你絕對無法改變別人」。無論我們再怎麼樣為對方的事苦悶，或是在居酒屋裡發牢騷，對方都不會改變，狀況也不會改善。

既然如此，不如趁早放棄，認清事實這個人就是這樣，然後別再理會。以平靜的心情來因應，對自己比較好。

千萬別一直糾結在對方的事情上而折磨自己，一旦又想起來時，就想「這是對方的問題」、「別理他」或「別在意」，提醒自己停止思考下去。

03 不跟別人起衝突的你最瀟脫

消除與他人之間的糾紛，好事就會不斷發生

面對別人所產生的憤怒，通常是在確定「我是對的」、「對方是錯的」的狀況下瞬間發生的。

因為有「明明我才是對的，竟然還理虧」的感覺，才會感到憤怒。

然而，就像你覺得「自己是對的」一樣，對方也認為「自己是對的」。即使明明都是對方的錯，但對方仍自以為「我是對的」。

據說人的煩惱有九成都是出自於「人際關係」，追根究柢就是認為「自己是對的」、「對方是錯的」。

不過，即使覺得「都是對方不好」而跟他產生衝突，幾乎也沒什麼意義。

沒必要為了讓彼此的認知達成一致而戰。

「是這樣嗎？那麼就這樣吧～」像這樣不否定對方，圓融應對。不反駁、不爭論，也不必生氣，輕描淡寫帶過，養成這種不衝突的習慣後，人際關係就會平穩順遂，好事將不斷發生。

例如，工作上會開始出現「獲得認同」、「有貴人相助」、「實力得以發揮」、「獲得提拔」等好事，到了新的環境也能擁有「迅速與大家打成一片」、「有人提供各項資訊」、「任何狀況都有人提醒」之類的好運。

即使無法改變對方，但只要能改變自己面對事情的態度，對方看待你的眼光，與對待你的行為，一定會逐漸不一樣。

據說運動選手不會將焦點放在提升技巧，而是改善人際關係，如此便能讓比賽結果更好；在職場上一旦改善人際關係，就能樂在工作、提升業績。無論好壞，人際關係隨時隨地影響著我們。

光是不跟別人起衝突，就能減少擔憂與煩惱，在沒有壓力下做自己想做的事，享受每天的生活。

換句話說，只要不隨便與別人為敵，等待著你的將是美好且無往不利的人生。

04 面對衝突的五個方法

愉快走在人生路上的小祕訣

究竟什麼是「不與別人衝突的人際關係」？

重申一次，就是不會因衝突而讓自己吃虧。

這裡必須思考的是，你最後究竟想怎麼解決？即使不發生衝突之下卻仍感受到壓力，或是使得彼此之間的鴻溝加深的話，都是得不償失。

目標先設定在不傷害彼此的情形下，讓人際關係變得輕鬆，並達成自己的目的。

就結果而言，人際關係順遂的人都是這麼做。

只不過，與別人相處融洽或是勝過對方，都不是最終目的。真正的目的應該是「讓人生路走得更愉快」。

在這個前提下，因應人際關係上的衝突可採取的策略有五項：

1 爭執。

2 不放在心上。

3 保持距離。

4 逃避。

5 巧妙閃過。

首先，最好避免**1「爭執」**。就像前面說過的，和別人發生爭執，不僅會讓彼此受傷，而且還很麻煩。不過，如果要讓對方見識自己有多認真，或是即使和對方吵架也想做出可接受的結論時，有時候也會將爭執當作最終手段。

至於**2～5**，都是「不戰策略」。

所謂「不戰」，是放棄「精神上」的人際關係衝突。

面對麻煩的人，千萬別想太多。根據對方的個性、當下的狀況，採取**2～5**柔性的「不戰策略」，讓心情盡快恢復平靜愉悅。想要多少改善些狀況的話，可以藉由與對方交談或合作，尋求和平的解決方式。**女人不是靠「強悍」決勝負，靠的是「韌性」**。

接下來將針對**2～5**的策略，一一說明。

05 嘴巴長在別人身上，管他怎麼說

⇩⇩

即使惱怒也不要在意

我的朋友中有個典型討人厭的A小姐。她老喜歡炫耀過去的豐功偉業或是顯赫家世。只要遇到感覺在自己「之下」的人，就會擺出瞧不起人的態度，或是出口傷人；但如果遇到看似在自己「之上」的人，就會討好奉承。

我們一些共同的朋友會說：「想到A就火大～」不過我的感覺倒沒那麼強烈（不過萬一攻擊是衝著我來，我也是會瞬間發火啦）。

A之所以會變成這樣，無論行為是好是壞，問題都出在「教養」。我並不是瞧不起A而說她「沒教養」。所謂教養，不僅單指孩童時期，而是至今漫長的人生歷史。因為受到某些狀況的影響，才讓她有這樣的言行舉止。

此外，A現在很可能不幸福，才會想要遷怒於別人。

話說回來，我們都不會知道這些狀況。別人的內心並不是這麼容易就能了解的。

因此，**「就讓她去講吧」**。

你覺得惱怒的地方，可以表面上「假裝」聽著，但請把心關上。記得用不著去迎合對方性格中「陰暗」的部分。你不需要去在乎他們那些隨便批評別人，或是瞧不起人的言詞。

這跟無視並不同。例如，同事對你冷嘲熱諷，「現在這麼忙，你還好意思休息呢。」你只需要當場輕描淡寫回一句「真不好意思」就行了。即使在背後說你壞話的人，面對他也只要打個招呼說句「辛苦嘍」就好。

對方那些討人厭的言行舉止，基本上都是「對方」本身的問題，並不是「你」的問題。

千萬別將對方的責任和自己的責任混為一談。不必深究其中的意義，「我是做了什麼招惹到他？」也不需要反駁「才不是這樣」來尋求對方理解，或是因為對方說了「我討厭你」而苦惱。

這些反應會需要耗費一番心力，而且本來就都不是什麼大問題，不需往心裡去。

你要做的是「只聽自己需要的部分，其他就左耳進右耳出」。心中沒有不愉快的情緒，就能發現對方好的一面，彼此感情也會變好。

千萬不要鑽牛角尖，在內心反覆交戰。

06 保持剛剛好的距離

⇩⇩ 找出適當距離的三種妙招

會爆發人際關係的戰爭，大多是在彼此間的距離太近的時候。

「距離感」是女性在人際關係中最需要注意的關鍵。

相對於以地位高低連結的男性，基本上呈現平面關係的女性，藉著彼此保持恰到好處的距離，才能建立起安心的關係。

並不是交情好，熟知對方的一切就是好事。

每個人在心理上都各自有感覺舒適自在的「個人空間」。如果別人隨意闖入，就會感覺不舒服。摩擦變多，看到價值觀的不同，就會有更多不滿，或是在放鬆之下說了不該說的話。當交情愈來愈深厚，就會開始看到討厭的地方、困擾的地方，因此，與這種容易跟別人衝突的人在一起時，最重要的就是保持恰當的距離。要找到「若即若離」這樣剛剛好的距離感，有三個需要注意的重點。

1 首先，珍惜自己感覺最舒適的距離感。

藉由對方的言詞或表情來掌握距離感固然重要，但最要緊的還是自身的心理狀態。隨時留意「內心的距離感」，一旦覺得不耐煩、不爽快，就要響起「離開！」的警報。這是重新檢視彼此相處及應對方式的時機。

2 以自然的態度面對，逐漸拉開距離。

面對惱人的對象時，如果擺出一副「我討厭你」的態度，會讓氣氛變得更僵。在謹守最基本的禮貌之下，有事情打聲招呼，需要時給予協助，但不用多聊自己的事，事情辦完之後迅速離開，不需要帶太多的情緒，以平常心相待即可。在自然的情境下，時而接近時而遠離，漸漸就能掌握到最理想的距離。

3 擁有多個活動據點及專注的事物。

面對同事、家人這些每天都得打照面的人，就算不發一語也會深受影響。如果待在狹隘的世界，就更需要思考距離感。想要在恰到好處的緊張，以及體貼的心境下面對別人，適度轉換心情很重要。藉由發展多項活動，或是專注於其他事物，來保持內心的平衡。

面對需要長久相處的婆婆或是同事，認為自己的婆婆（同事）真好，並能持續對對方抱有好感的人，都是能在內心保持一定的距離。恰到好處的距離感，就是尊重對方且珍惜對方所需的禮儀。

07 失控前先離開現場

⇩⇩ **逃避是為了生存**

「閃避」或是「逃避」，表面上是膽小鬼的行徑，卻是生存所需的為人處事技術之一。

尤其當你情緒化的時候，建議先將自己抽離當下的情境。**因為一旦變得情緒化，就會停止思考，失去判斷能力**。

比方說，被主管罵了之後火冒三丈，「幹嘛這樣罵人！」想和他爭論並加以反駁，很可能還覺得若悶不吭聲就輸了。然而，在盛怒之下發生衝突，非但無法解決問題，事情還會偏離正軌，變得愈來愈複雜。

而且，愈是情緒化就愈會覺得對方是「可恨的敵人」。

倒不是說不能情緒化。只要是人，任誰難免都會有理智斷線的時候，但直接拋出帶有情緒性的話語，最終後悔的往往都是自己。

當情緒在瞬間像熱水器一樣升溫時，不如先冷卻下來，等腦袋冷靜之後再決定下一步。

成熟的女性不做火上加油的事，應該要適時停戰，讓傷害降到最低。暴怒時記得在心裡默數「1、2、3……」。**爆發性的情緒不會維持太久**。數到10之後就會慢慢平靜下來。「我知道了」、「我現在剛好有點事……」試圖讓自己平靜說完，暫時離開現場。喝杯茶，活動一下筋骨，同時想想晚餐要吃什麼。這麼一來，先前惱怒的事情就漸漸變得無所謂了。

要讓激動的心情冷卻下來，最有效的方法就是暫時「改變空間」、「擱置時間」、「採取其他行動」。這樣就能讓自己慢慢回到客觀的角度來看待事情，以及當下的狀況。

接著再來思考明智的解決方案。

當對方情緒失控，或是當你遭遇職權騷擾、霸凌，面對牽扯不清的陰險人際關係時，「逃避」也是有用的一招。如果真的被牽連其中，盡量在冷靜的時候應對。

老實人會想要努力突破困境，但請優先考量自己的身心健康。記得，「逃避」也是一種解決的辦法。

08

巧妙閃躲對方的攻擊

⇩⇩ **讓對方配合自己步調的戰術**

在前面已經傳授各位像是「不放在心上」、「保持距離」和「逃避」等戰術，但有時候光靠這些仍無法解決問題。

雖然對方咄咄逼人，或是處於戰鬥模式，但遇到「即使如此，還是想讓你了解我的想法」時，就需要進行「交涉」了。

這種情況下，適合的戰術就是「輕巧閃過對方的攻擊，同時讓對方配合自己的步調」。

這種不戰精神，跟「合氣道精神」非常類似。合氣道不是要在比賽中分出勝負，而是要藉由「招數」來化解與對方的對立態勢。表面上看起來像是防身術，實際上是輕巧化解對方的攻勢，一舉將形勢扭轉到對自己有利的方向。

「輕巧閃躲」的意思，就是「不要正面迎接對方的攻擊」。

將合氣道的這些招數替換成**【巧妙閃躲敵人的戰術】**，就可歸納出下列幾項：

1【連結】配合對方的呼吸解讀招數↓理解對方的「需求」。

2【引導】進入對方的守備範圍後不使力↓讓對方感到「安心」。

3【化解】化解對方的防備後出招↓讓對方鬆懈後說出自己的意見。

首先，站在對方的立場，了解對方「想要怎麼做」，就是真正的**「需求」**。例如，有個人仇視你、批評你，可以得知對方是「希望自己保持在有利的地位」；當遇到眼睛長在頭頂上、驕傲自滿的人，可以得知對方是「希望獲得認同」；展現出敵意的人，其實是「遇上一些麻煩的可憐人」。

因此，要祭出2提到的，**讓對方感到「安心」**。不需要刻意逢迎，但若能主動說出「我對你甘拜下風」、「你真不是蓋的」之類，率先表達尊敬與好感，對方就會安心，卸下戰意。

這裡的重點是「表面上」的配合。至於對方的心裡怎麼想，那是個人的自由。人際關係中最重要的是「如何因應」。

因此，到了3的穩定狀態時，便能輕描淡寫地說出想說的話，像是「指導的時候麻煩親切一點唷」，最終的目標就是進入笑容模式。

有關「輕巧閃躲」的戰術，之後會在第5章進一步詳述。

09 花時間煩惱人際關係不值得

⇩⇩

面對任何人際關係都能盡量不煩惱的訣竅

在人際關係中不煩惱的方法有兩個：一個是改善人際關係，另一個是就算關係不好也不要去煩惱。

如果你認為「人際關係不好的時候，一定會煩惱」，那麼，煩惱就沒完沒了。隨時留心改善人際關係固然重要，但關係並不會立刻變好。

無論什麼樣的人際關係，都不要想太多，能開心過日子最重要。

【面對任何人際關係都能盡量不煩惱的訣竅】，就是不要想著「人際關係非得改善不可」。反過來說，對於「人際關係」、「對方」、「自己」，都只想著「現在這樣就好」，就會輕鬆很多。好的人際關係並非必要。一旦覺得又要煩惱時，請告訴自己以下這三句話。

1 對於不理想的人際關係只需想著「現在這樣就好」。

每個人都有各自的想法，難免會產生摩擦。「過一陣子可能會改善吧，但現在這樣就好」、「感情不好也無所謂」、「保持距離也好」、「彼此有往來就好了」。若能這麼想，就不會覺得太難過。

2 面對惱人的對象就想「世界上也有這種人」。

遇到討人厭的人老想著「太過分！」「真誇張！」「無法接受！」，跟想著「世界上也有這種人」，這兩種想法帶給人的壓力大不相同。被對方惹得很煩的時候，會期待對方能夠改變，因此永遠無法根絕煩惱。但若能認清「世界上也有這種人」的事實，就能輕鬆和他來往。

3 接受沒辦法跟別人相處得好的自己，心想「這樣的自己也不差」。

無法順利和別人建立良好的人際關係時，不必覺得「為什麼我這麼糟糕？」「別人是不是都討厭我？」沒辦法，這就是你。在煩惱時，倒不如養成習慣不用想這些了，把這些念頭趕出腦袋。

當煩惱愈來愈少時，你散發出的氣質就會變得開朗。

人際關係並不會因為你煩惱、折騰而獲得改善。花時間為這種事情煩惱實在是太不值得了。時間寶貴，請盡可能用來品嘗幸福的滋味。

10 灰心喪氣時也不否定自己

⇩⇩ 千萬別把別人的話當真

前幾天我在等公車時，目睹一名前輩對女性後進說：「要我講幾次你才懂?!」「這麼簡單的事情，正常人一聽就知道了吧？」言詞非常嚴厲。那位後進連聲說：「對不起。」聲音細到像蚊子叫……。

沒錯，愈是個性老實的人愈會把對方的話當真。因為太認真相信對方說的話，會開始否定自我，甚至自責。

但是，等一下！這些話需要認真面對嗎？

先讓我們來想想，這些（讓你覺得是）否定自己的話語，或是讓你苦惱、受傷的話語，本質究竟是什麼。

人會說各式各樣的話。有些人遇到個性認真、深思熟慮的人會毫不猶豫就形容對方「好陰沉」，也有人對於別人的善意惡言相向，批評對方「多管閒事」。

不過，**這些只不過是「當事人價值觀的投射」**。

更進一步說，那些壞話都是來自「自己以前被這樣說過」或是「過去體驗到的不悅心情」。換句話說，那個人透過你看到了他自己。

整件事展現出了「以前人家這樣說過我，還真討厭」的感受。

這種人在說話時，並沒有想到這些話會對別人的內心或行為造成什麼影響。只是透過「自己」的濾鏡說出了「自認為正確」的話，甚至幾秒鐘之後就忘記了。

因此，請記得要將「別人的想法」與「自己的想法」切割清楚。

只要心想著，「對方只是說出他的想法」、「沒辦法，這就是我」這樣就行了。不需要去評判對方或自己是「對或錯」。只需要用宏觀的角度確認「事實」就好。不管對方是主管、父母或專家，大家都只是說出自己想說的話。如果認為內容是自己需要的，只要接受需要的部分就行了。

一開始或許不容易做到這個境界，但記得告訴自己「認真計較就輸了！」如果能夠達到「切割對方與自己」，就像是解開枷鎖，心情也變得輕鬆。不會再把心思浪費在責備對方或自己了。

11 讓你避之唯恐不及的人，到底哪裡可怕？

⇩⇩ 與可怕的人相處的方法

幾乎所有的工作場所都會有一兩個令人感到「害怕」的人。「主管好恐怖，每次報告的時候都心驚膽戰」、「隔壁的人態度很囂張，很可怕，害我都不敢出聲」類似這樣，有時候就因為有可怕的人，人際關係才令人感到苦惱。這裡要告訴大家，思考「可怕之處」的真相，同時了解**【與可怕的人相處的方法】**。

1 想一想「對方究竟哪裡可怕？」

首先，冷靜下來，思考對方的哪一點特別讓人感到害怕。說話語氣嚴厲？或是態度壓迫？還是長相嚇人？主觀意識太強？或者根本是說不上來的可怕，總之應該會有各式各樣的原因。

「我很怕對方在情緒化之下對我發脾氣。」假設知道原因，就有辦法應對。可以盡量避免讓對方對自己發脾氣，或是就算挨罵也可以心想「不要緊。我只是不擅於面對挨罵的情境」。如果對象主觀意識太強，令人害怕的話，就盡量不要營造出讓對方借題發揮的氣氛，以實際方式來因應。

2 想一想「是現在的恐懼？還是過去的恐懼？」

「恐懼」的原因幾乎都來自以往人生中得到的經驗。例如，小時候曾被老師嚴厲責備、被態度囂張的同學霸凌等非常可怕的過去，在自我防衛的本能下就不想再面臨相同的情境。在這些背景下產生的情緒，就是「恐懼」的真面目。當人感覺害怕時，會無法冷靜判斷，一再重覆當下「對方好可怕＝我充滿無力感」的情緒，並且深深烙印在腦海中。不過，這只是錯覺。就算現在面對一個很情緒化、愛發脾氣的人，只要心想「我已經長大了，不需要這麼害怕」，心中的恐懼就會緩和許多。

3 想一想「如果對方是國中同學呢？」

當你感覺「恐懼」的時候，就是處於腦中只浮現對方可怕的狀態。不過，恐怖的對象也是個平凡人，念國中時說不定是會跟你一起惹老師生氣的麻吉。偷偷在心裡幫對方取個好笑的綽號稱呼他，說不定就能有效緩和對方帶來的恐懼，甚至逐漸覺得對方看起來很可愛。或者乾脆跟較熟的朋友開玩笑說，「我們公司有個很恐怖的同事耶。前幾天我還惹他生氣了。」當作有趣的話題也不錯。即使心中還是會覺得害怕，卻不會再像之前有滿滿的無力感。不妨試著輕鬆以對，就像玩遊戲一樣。

12 別因為人際關係而消磨心志

⇩⇩ **現在就該立刻停止的三件事**

雖然不與人起衝突，但應該也有人對人際關係太在意而過於小心翼翼，感到精疲力竭吧。

事實上，過去我也是這種人。想要融入人群、和其他人熱絡交流，或是給予其他人意見，總之無論做什麼都忍不住察言觀色。沒想到卻換來「這個人真莫名其妙！」的批評，害我老是焦躁不安，悶悶不樂。現在我不再為人際關係苦惱，也有自信能和任何人好好相處，因為我已經停止做以下這三件事：

1 停止「和別人比較」。

2 停止「配合別人」。

3 停止「在意別人的眼光」。

換句話說，就是**秉持著「別人是別人，自己是自己」的原則來生活**。若老是想著「自己為什麼不如人？」「為什麼和別人不同？」「人家不認同我怎麼辦？」這種逐漸分不清他人與自己，隨時都得設法讓彼此步調一致的生活態度，會變成得不顧一切強調自我，或是硬要配合對方的窘境。

過去人們在小型聚落中，必須在眾目睽睽下生活，很可能是因為這樣的歷史背景而造成很大的影響。不過，現代社會可以清楚將自己的人生切割清楚。依循「人各有志」的原則就好。

我為了戒除過去的習慣，經常會喃喃自語說著**「別人是別人，自己是自己」、「我有我自己的價值」**。然後，**做選擇時不以「別人」，而以「自己」的心作為標準。**

舉一個很小的例子。不管同事怎麼樣，總之午餐就吃自己想吃的東西。或是即使遭受批評，也要做自己想做的工作，或選擇自己喜歡的娛樂。

這麼一來，就不用在乎別人說了什麼，可以自然地與人相處。不僅人際關係，連生活都會變得輕鬆自在。

即使因為人際關係而感到心力交瘁，只要改變自己的想法就不會再痛苦了。

13 心口不一又如何

⇩⇩ 以人際關係來提升「精神層次」的心法

前陣子有幾位四十幾歲的職業婦女這麼說。

「想當初二十幾歲在餐會上被要求為其他人斟酒時，真的是一肚子火，覺得蠢透了。不過，換作現在的話，如果這點小事可以讓對方開心，我一點也不介意。」

「我懂我懂。年輕時就算跟人起摩擦也只會心高氣傲想說：『為什麼是我道歉？』不過，如果道歉能解決事情，現在要我道歉幾次都沒問題。」

一方面是人因為隨著年齡增長，心境也變得遊刃有餘，但我認為這樣的狀態是「精神層次」提升了。精神層次高的女性，不會和其他人在同一個精神層次上相爭。內心隨時保持完好無暇，也不會傷害其他人。

這裡介紹一下**【以人際關係來提升「精神層次」的心法】**。如果能夠學會精神層次高的作法，在處理人際關係時會出乎意料的輕鬆。

1 自己心裡愛怎麼想都無所謂。

人的內心隨時是自由的。沒有人可以控制，也沒有人能夠窺探。心裡想著「那個人真討厭」、「很幼稚耶」都無妨。心中湧現的情緒無法改變。不需要覺得有這種負面情緒的自己真糟而自責。放心吧，自己要怎麼想都無所謂。

2「想法」與「言行」不一致又何妨。

你是不是覺得想法與言行不一致的話，會感覺壓力很大，或是看起來像是表裡不一的人呢？這是精神層次較低的想法。如果每個人都是想什麼就說什麼，那麼彼此的摩擦就沒完沒了。自己的想法留給自己懂就好。即使別人冷嘲熱諷，一旦動怒就吃虧了。在心裡想著「這個人搞什麼啊！」但同時輕描淡寫回一句「哦？是嗎？」就好了。

3 傷害對方就是精神層次低的證明。

精神層次高的人非常了解，無論傷害別人或自己都是風險極高、會降低精神層次的行為。他們反而不口出惡言，也不會任意批評。藉由和善待人、得體應對，不斷提升自我精神層次。這麼一來，不但充滿自信，面對別人再也不會不耐煩，反倒更加友善，形成正向循環。

請各位姑且一試，相信心情一定會變更好，更有自信。別忘了，你的內心、言行、舉止，隨時都是自由的，全由你自己來決定。

14 在女性小圈圈中生存的必要原則

⇩⇩ 比起「競爭」更靠「互助」來生存

很多人都說，「女性的人際關係很難搞。」其實，只要掌握了技巧的本質，會發現並沒有那麼困難。

女性在過去的小聚落中會勤於溝通，和別人打成一片，並且樂於互助。「最近菜價好高啊！」用這些能引起共鳴的話題接近對方，「就是說呀。剛好我老家寄了青菜過來，分一點給你吧……」像這些微小的互助行為，就是生存基本的技巧。

基本上，女性的人際關係就靠「我懂、我懂！」這種共鳴，還有「包容」的互助精神來建立。

對女性而言，什麼樣的人會變成「敵人」呢？

沒錯，就是「打亂和諧的女人」。只為自己著想，只想讓自己站在鋒頭上的女人，要留意「棒打出頭鳥」。最好要做好心理準備，其他人會因為扭曲的嫉妒心，祭出毫不留情的制裁。在女性小圈圈裡生存，有三項必定要遵守的原則。

1 施恩不手軟。

摒棄 Give & Take 這種「因為你對我好，所以我也對你好」的互利精神，改為奉行「樂善好施」的慈善家精神。只要你誠心對別人好，總有一天會回饋到自己身上。

2 克制自我表現欲。

自吹自擂、愛慕虛榮的行為，這些尋求認同的表現都是令人感到厭煩的根源。不靠自己刻意的表現反而會讓人認同，更有價值。

3 展現「走自己的路」的堅定意志。

展現出「別人是別人，自己是自己」的態度前進，就不容易捲入人際關係中剪不斷理還亂的窘境，反倒讓別人更想支持你。

至於有些簡單就能做到的具體行為，將會在第2章中詳細說明。

我並不是要告訴大家，在人際關係中為了不起摩擦，只要一味容忍、協調就好。事實上，人只要活著就會有不同意見，不少時候每個人的確都會只顧及自己的幸福快樂。因此，平常就要留意「引起共鳴」、「互助合作」，藉此展現出「我不是敵人，請放心」的態度。在這股信任感一點一滴累積之後，身邊的人就會認同你、支持你，並且樂見你的成功，成為你強大的心靈支柱。

在女性的人際關係中，比起「競爭」，更重要的是「互助」。

第2章

在人際關係中無往不利的人

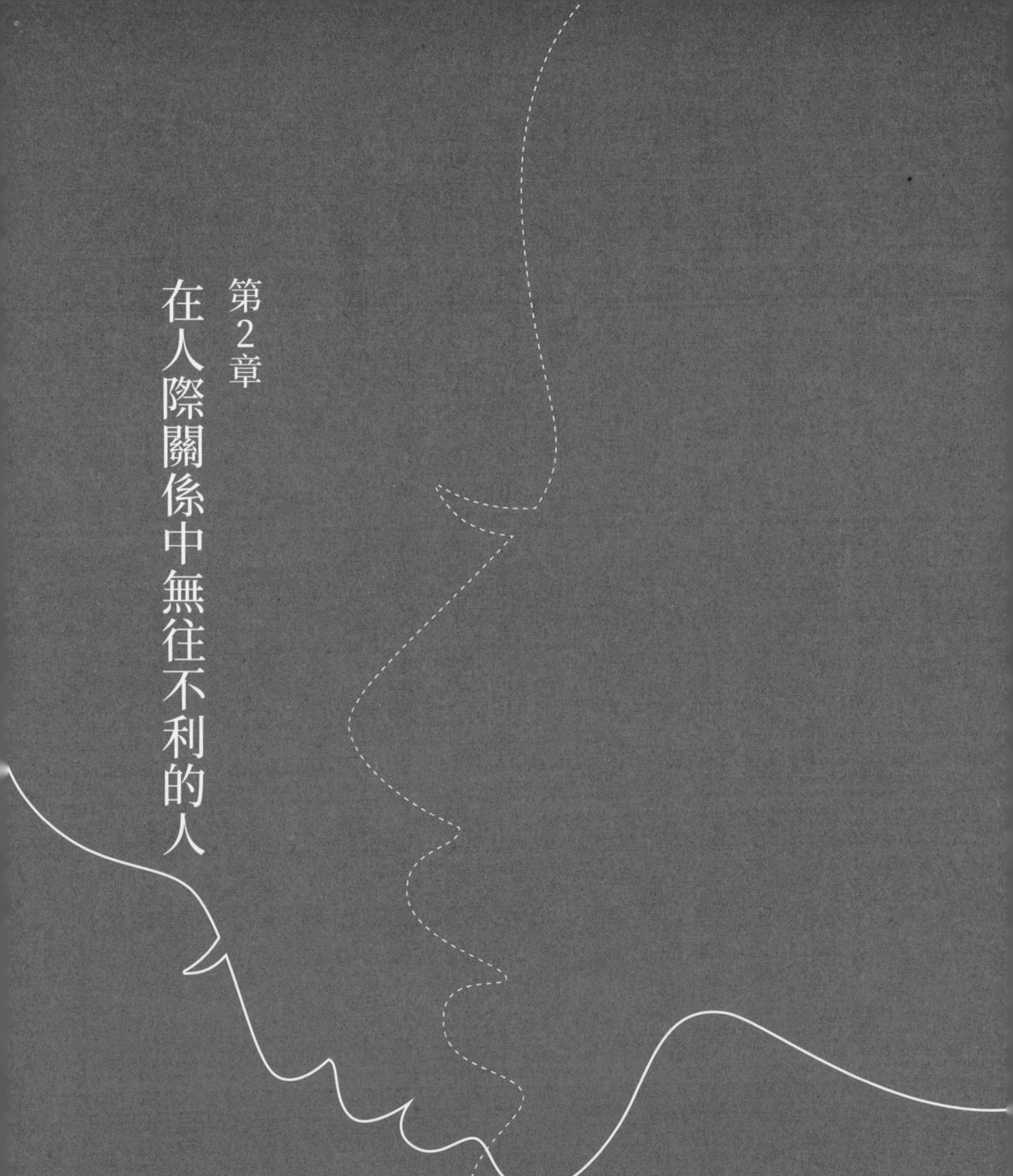

15 以簡單的問候，傳達你的關懷

⇩⇩ 簡單表達善意的「一兩句小心意」

人際關係圓滿的人，會經常向別人表達一兩句小心意。

跟身邊的人溝通無礙的話，就能放心度過每一天。或許有些人沒那麼積極，很難主動跟別人交談，但如果面對的是同事、媽媽友、或是友人等這些經常碰面的人，只要在打招呼時多加句話，像是「最近好常下雨哦」、「這陣子忙不忙？」、「週末的活動好玩嗎？」簡單一兩句話應該不難吧？

不必想得太困難。也未必一定要想什麼好事情來講。

女性的日常對話，「次數」比「質量」更重要。對話不需要有明確的目的，那只是用來培養彼此感情及建立連結的工具。在沒什麼意義的閒聊中，能感受到對方關心我、認同我，自然而然開始互助，或是進一步聊些深入的話題。

反過來說，明明身邊有人，卻感覺「沒有交集」、「對方不了解我」、「好像很生疏」的這種孤獨感，最令人不安。一起搭電梯，或是坐在旁邊，結果彼此沉默不語，氣氛相當尷尬。

如果遇到這種情況，這不是危機，而是大好良機。只要自己主動攀談就行了，對方也會因為這一兩句話而卸下心防。

「一兩句小心意」的範本，就像是大阪的大嬸，面對陌生人也會遞出一顆糖問：「要不要吃顆糖？」如果身邊有這種人，一定會令人感到很安心。

「不只想到自己，也想到你」這種延伸到周邊人們心情的精神，在這個人人忙碌容易陷入「只顧自己」的現代社會中，或許是一帖濟世良藥。

「請你吃下午茶小點心」像這種請對方吃個小東西，**執行零食策略很輕鬆，卻有意想不到的效果**。即使自己很忙，也不忘**體貼對方問候**「還好嗎？需不需要幫忙？」或是**表達自己的關心**，「最近都沒見到你，還在想你怎麼啦。」另外，**察覺到對方細微的變化**，「剪了短髮很好看哦！」想建立良好的人際關係，保持這類密集溝通的態度非常重要。

女性之間的對話，不在於談了什麼內容，就算毫無內容也可以。從平常就習慣以簡單的對話保持互動，到了必要的時候就能有圓滿的溝通。

16 任何枝微末節都可以讚美

⇩⇩ 受女性歡迎的女子有效讚美術

每一位女性都希望得到讚美。無論是什麼樣的枝微末節，只要得到讚美，就覺得心情愉快，精神飽滿。面對能發現自己的優點，還可以坦率告知的人，自然而然會產生好感。不過，如果因為這樣就勉強讚美別人，容易顯得做作。經常聽到有人說，「用高八度的嗓音互相吹捧『好可愛哦～』的『客套話大戰』真是麻煩」、「只會稱讚別人衣服或包包的這種一百零一招」。

同樣身為女性，讚美時是否帶有真心，或是虛情假意都看得出來。既然要稱讚，當然希望用能讓對方開心、效果又好的讚美方法。

【受女性歡迎的女子有效讚美術】的重點如下：

1 只要仔細觀察對方，讚美的題材會源源不絕。

身處同學會之類覺得必須得讚美對方的場合時，卻只能說「好可愛～」、「好年輕哦～」這類刻意的陳腔濫調。但是如果抱持善意仔細地觀察對方，就會看到種種優點，像是「你的用詞好優雅耶！」「你對穿搭的品味還是一樣那麼好」等地方。

2 覺得對方「好厲害」的時候，就算枝微末節也要立刻讓她知道。

「讚美」是講求新鮮的。如果經過一段時間才想到稱讚「那件工作處理得很好」，說不定當事人早就忘了。「剛才那場會議主持得很好」、「你的辦公桌總是整理得很乾淨耶」、「你製作的資料簡潔易懂」，即使是這種小地方，一旦發現了就要立即讓對方知道。就算只是平實的讚美言詞，馬上讓對方知道的話，效果也比較好。

3 讚美連當事人都沒發現到的地方。

「你的身材好好哦！」「你是某某大學畢業的，一定很聰明！」這種顯而易見的優點是大家經常受到稱讚的地方。如果能像下面這些例子，稱讚連當事人都沒發現的優點的話，你在對方的心目中就會成為「發現我的全新價值、與眾不同」的人。

① **讚美理所當然的事情。**「你的笑容讓人看了心情真好。」
② **讚美值得尊敬的事情。**「我真心敬佩你永遠守時的態度。」
③ **讚美與平常不同之處。**「今天這個顏色的眼影很適合你唷。」
④ **讚美缺點的反面。**「你雖然優柔寡斷，但也代表你仔細思考啊。」
⑤ **讚美對方努力的態度。**「你總在背後默默支持所有人吧。」
⑥ **讚美對方的個性與內在。**「你坦率直言這一點，值得信賴。」

17 擺脫孤伶伶！從建立一對一的人際關係開始

⇩⇩

融入女性團體的祕訣

在職場或與媽媽友的互動上，經常會陷入「大家感情很好，已經形成了一個小團體，但我也想加入！」或是「我一心想著會有人來跟我攀談，結果還是孤伶伶」這類令人沮喪的狀態。有時候也會因為別人的反應冷淡而感到失落。

我本身的個性不太積極，經常會遇到這類狀況。不過，孤伶伶一個人不但無法獲得需要的資訊，也沒有人在身旁加油打氣，更重要的是沒有聊天的對象，非常無聊。這裡介紹三個【融入女性團體的祕訣】，學會之後自然而然就能跟其他人打成一片。

1 與其跟團體裡所有人套交情，應該先建立起一對一的人際關係。

想融入一群人時，不要想一下子就跟所有人套交情，建議先找到容易有交集的人，即使只有一個人也好，從建立彼此的互動開始。重點是要等對方不在團體裡，單獨一人時攀談。有一位遊走在各個公司的派遣員工說過，「先找到看起來像是熱心的領導型人物，與她建立起好交情之後，自然而然就能進入圈子，人際關係也會逐漸穩固。」表面上看來是團體，但分析起來最後都是與人之間一對一的交流。

2 主動攀談時用「請教我！」和「產生共鳴」作為切入點。

如果到了新的工作場所，「附近有什麼可以吃午餐的好餐廳嗎？」換成媽媽友的話就是「請問你是怎麼挑選孩子的課外活動呢？」就像這樣，應該能想到很多問題來詢問。

此外，女性的另一項特點是當彼此有共鳴的地方一多，就會把對方視為同伴。話題從服裝到隨身物品，「我也很喜歡這個牌子耶！」或是問對方的出生地，「我祖母是九州人，我也經常會去九州。」總之，一定能找到共同點。接著再繼續延伸話題。

3 與其急著自我介紹，不如先懂得傾聽，找到自己在團體中的定位。

如果想跟大家打成一片，就一股勁兒地介紹自己，很可能把其他人嚇跑。一開始先聆聽，讓自己適應環境，「這個我來幫忙吧？」讓自己發揮用處，或是主動提供資訊，「這個就是～吧？」總之，先找到自己在團體中的定位，就能獲得其他人的認同。不過，只顧著迎合對方，會把自己搞到精疲力竭。「我是～的人，還請多多指教」，像這樣，以真實的自己來和別人相處，應該能建立更理想的關係。

18 「稱呼名字」與「表達謝意」就能拉近彼此距離

⇩⇩ 不勉強就能讓女性高興的兩種方法

幾乎所有人都希望討人喜歡，希望能改善人際關係。不過要是太勉強，或是隨時小心翼翼要討其他人歡心，硬逼著自己配合的話，心裡會覺得很疲憊。最後甚至對人際關係感到厭煩。

這裡要介紹**【不勉強就能讓女性高興的兩個方法】**。重點在於**給對方「心情愉快的感覺」**。只要稍微意識到什麼樣的言語（行為）會令人感覺愉快，就能輕鬆取悅別人。人們喜歡帶給自己愉快的對象，當然也想反過來讓對方開心。

1 稱呼名字。

人最喜歡的言詞，聽起來最舒服的言詞，就是自己的名字。人對於親切稱呼自己名字的人，都會覺得像是夥伴，或有股信任感……這種親身經驗大家都有過吧。像是打招呼時說「〇〇〇，早安」，或是詢問時說「〇〇〇，你有什麼看法？」意識到這些事情和話題是跟自己有關之後，心裡就會認為要好好回應才行。

2 一點小事也能開心，並常說「感謝」。

你認為什麼樣的人是讓你會有「當這個人有困難時，我想幫助他」，或是「真想為這個人做些什麼」的想法呢？

想必是「因為一點小事情就開心，並常懷感謝心」的人吧。人在被取悅時會提高自尊心，感覺愉快。同樣的，對一些枝微末節的小事、理所當然的事也會說「謝謝」，也會感覺充滿自信。容易開心的人，同時也會是取悅別人的高手。

展現開心的情緒時，與其用各種言詞來表達，不如盡情展現在表情上。例如，接受別人幫忙時，「哇！謝謝你！」用燦爛的笑容來面對，相信對方也會感到很愉快。情緒就像鏡子，是相對的。

此外，單說一句「謝謝」，不如表達「感謝＋（真高興）幫了我一個大忙」更有效果。例如，當對方主動聯繫時，可以說「謝謝，多虧有你」或「謝謝，真高興你想到我」。多留意這些細節，會讓對方認為做這些事情更有價值，也更感到欣慰。

光是留意這兩點，應該就能迅速感受到與對方拉近了不少距離。

19 不是「原諒」，而要「包容」

⇩⇩

成為女性夥伴的訣竅(1)

女性在因為育兒或長照等家中狀況而影響工作時，其他女性同事的反應通常分成兩派。

「什麼？很煩耶。是要給大家找多少麻煩啊……」

「大家都會遇到困難，我們有時候也會麻煩別人嘛。」

以上就是「女性之敵就是女人」，或「女性之友就是女人」兩種不同狀況。

當自己內心認為「給人添麻煩」時，如果對方說出「互相包容」的話，便會覺得欠對方一份人情。等到雙方易地而處時，自己也會想幫助對方。**「互相包容」的想法，可讓身邊的人產生同伴意識，拓展彼此互助的關係。**

像前者這種覺得麻煩的人，只顧當下的得失，便與對方為敵。因為吃了點小虧，就想讓對方也蒙受損失，出現扯後腿的行為。**只想著短期間的「利益」，就長期而言便是「損失」**。

某位朋友在工作上出錯，惹出麻煩時，聽說有位女同事這麼對她說：「講原諒，是一種上對下的態度，似乎有點不太對。這不是『原諒』，而是『互相包容』。我也曾經闖過各種大小禍，大家都一樣啦。」

朋友聽到這番話後鬆了一口氣，同時也下定決心，總有一天要報答她。

的確，「原諒」是帶有一種上位者判定對方的感覺。相對來說，「互相包容」則是要讓對方知道，大家都站在相同的立場。

我們從小受的教育就是「千萬別給別人添麻煩」，但每個人都有自己的想法、行為的習慣，再怎麼小心翼翼仍不免會給其他人添麻煩。例如，世界上有人講話毫不留情，有人自私自利，也有執著於無聊小事的人。不過，如果能轉個念頭，「他們就是這樣長大的吧？可能自己也沒察覺到，但有時候的確也給別人添了麻煩，就互相包容吧。」用寬容的態度去面對，認同對方的優點，自己也會變得謙虛，心境上更開闊。

「互相包容」這句話帶有魔法，能讓對方變成好夥伴。「有困難的時候互相包容」、「彼此造成麻煩時也互相包容」，以寬容的態度來互助、互補，讓女性團結起來，發揮無比的力量。**與其當個「完美的人」、「不造成麻煩的人」，不如當個「能夠幫助別人的人」、「接受幫助的人」。**

20 勤於「報告・聯繫・討論」與「確認」

⇩⇩ **成為女性夥伴的訣竅(2)**

再也沒有比擁有一群女性夥伴更讓人覺得安心可靠的事了。我聽過好多類似「辦公室所有女性團結一致，因而改變了規定」、「因為有其他媽媽友的幫忙，我才能夠兼顧工作和育兒」這種克服困境的案例。

要讓別人成為自己的夥伴，重點是釋出善意的溝通。話說回來，彼此未必要花非常多的時間來相處。只要有共同的目的，不忽略基本的重點，就算短暫的相處也能讓對方成為好夥伴。只要彼此勤於聯絡，互動良好，便容易產生好感，令人安心。

相反地，若讓對方說：「我從來沒聽過這件事」，這句話就會導致人際關係破裂。現在就來說明**【成為女性夥伴的「報告・聯繫・討論＋確認」的訣竅】**。

1 報告的訣竅在於好好傳達給「想知道的人」。

比方說，你問對方有沒有適合約會的好餐廳後卻沒有下文，對方會好奇後續的發展。「那間餐廳很棒耶！」光是簡單一句話，對方就會很高興，甚至還會回覆說：

「下次有需要再問我！」此外，這幾年大家都會把各式各樣的消息上傳到社群網路上，有時候還沒聽到當事人報告，就在社群網站上看到對方結婚或生小孩的消息。請仔細思考「想知道的人」到底是誰。

2 聯繫前要先整理好內容。

若自己主動聯絡，但對方卻沒有正確理解的話，就會引起麻煩。要讓對方簡潔易懂，必須掌握5W1H：「何時（When）？」「何地（Where）？」「什麼人（Who）？」「什麼（What）？」「為何（Why）？」「如何（How）？」留意以上這幾點，就能傳達重點。

3 千萬別搞錯討論的對象。

「討論」能讓對方願意和你一起解決問題。不過，要和同一個對象討論工作、愛情、家庭等不同面向的問題，或是找很難有共鳴的對象討論，會得到反效果。「這個人應該會了解這類狀況吧。」建議根據不同的內容找可討論的對象。

4 確認後再進行，可以分散風險。

「不講也無所謂吧？」省略了確認的步驟後，有時候事後會遭到埋怨。「這件工作可以明天再做嗎？」「女子會的場地挑這裡好嗎？」適時向當事人確認，分享資訊，就不會遭到對方的抱怨。尤其對於關係親近的對象更要確實做到這一點。

21 好好傾聽對方的話

⇩⇩ 讓人心中抱持「還想再見面」的聆聽方式

建立良好人際關係的人，感覺上似乎是很外向、能言善道的人，但其實是「善於傾聽」的人。我身邊有些讓人「想再見面」、「想多聊聊」的，都是耐心傾聽的人，還有像這種「對對對！真的就是這樣」、「就是會有這種事啊」樂於表達共鳴的人。有道是，「女生圈都靠『共鳴』來聯繫」，**共鳴是在女生圈裡建立人際關係中最重要的關鍵**。

對於有共鳴又願意聆聽的人，會覺得「她好懂我！」、「這個人值得信任！」而產生安心感與信任感，同時也會形成想聆聽對方的氛圍。

然而，聆聽這件事看似任何人都會，卻出乎意料之外困難。有時候聽著對方的話，心裡會不耐煩吐槽，「不對不對，才不是這樣！」然後忍不住打斷，說教了起來。是不是有這種情境呢？更誇張的人還會「像我的話呢～」講起自己的事情。

這可能是因為**「聆聽」的訓練沒有做好**。

因為邊聽邊用自己的價值觀判斷「正確、不正確」，沒辦法專心聆聽對方說的話，不知不覺就形成對立的態勢。

能夠聆聽的人，可以清楚畫分「別人是別人，自己是自己」。

養成思考「每個人有各自的想法、價值觀」的習慣，就不會去否定對方的話，能夠專心聆聽。面對人際關係也會意想不到地輕鬆自在。

沒有人會想與批評自己的人為伍，而是想要有個能愉快聊天的對象。而且，每個人都希望對方能了解自己。

聆聽的重點不在尋找對方的「不同之處」，而是要聽懂對方，並對他說的話有興趣，在這個前提下，專注在「能產生共鳴的地方」與「自己可學習之處」。

每個人說話內容的背後都隱藏著可以產生共鳴，或是引人入勝的地方。若抱持這樣的想法去聆聽，就能以好奇和善意看待對方。

這麼一來，對方必定覺得你很好相處，心想「希望再見到你」，並和你多多培養感情。

22 接受午餐招待要道謝兩次

⇩⇩ **受人關愛的女性禮儀**

有一位女性主管曾這麼說。

「我們部門的新人，雖然有些不知天高地厚，但因為很有禮貌，受到前輩們的關愛。不知道是不是這兩者有關連……總之這種個性很吃香。」

受人關愛的女性，與不受人關愛的女性，兩者的差別可能在「坦率」與「努力」。不過，最重要的大前提就是「是否有禮貌」。

在女性的上下關係中，「禮儀」是一大重點。所謂禮儀，是確認彼此立場的共同規則，無法遵守的人，有時甚至會讓人感到惱怒「她到底在搞什麼呀！」

自然受到前輩關愛的女性，由於**隨時隨地都展現出「尊敬年紀較大的前輩」這種謙虛的態度**，讓人感到安心。就算不擅溝通的人，或是有些年少輕狂、少根筋的人，都能獲得包容。

講到禮儀，幾乎每個人從小就受到薰陶，基本上並不困難。受人恩惠道謝、做錯事情道歉、遇到提問立刻回答、專心聽別人講話……天經地義做這些理所當然的事情就行了。

然而，我們常會因為這些禮節太過理所當然而不經意疏忽。對熟悉的前輩講話沒大沒小、打招呼也很隨便、遇到不太好相處的對象就逃避交談。**重點是既然要做，那就把每一件小事都要徹底做好。**

比方說，當前輩請你吃午餐時，你會怎麼道謝呢？

一般人或許認為在結帳時說聲謝謝就行了。「每次跟前輩一起都有美食可以吃～」像這樣吹捧一下對方就夠了。

不過，受人關愛的女性，回家後會用簡訊，或是隔天早上打招呼時再道謝一次。同樣的話講一次沒什麼，講了兩次就會產生好幾倍的效果。

站在前輩的角度，是不是會覺得「這傢伙真有禮貌！既然她這麼高興，下次再帶她吃好料」呢？

在各種禮數方面，「主動打招呼」和「道謝兩次」這兩項不用花什麼心思，但效果卻非常好。相信前輩看待你的眼神，一定會有明顯的不同。

23 成為相處起來很舒服的人

⇩⇩ 內向人建立交情的訣竅

世界上有些人個性外向，不斷結交新朋友；但也有人很內向，不容易敞開心房，不會主動表現自我，交不到朋友。

個性內向的人，並不需要勉強自己變得外向。

內向的人很多都很誠實，表裡一致，不會硬將自己的意見加諸到別人身上。因此，一旦跟人打成一片，往往可以獲得信任，建立起深厚的關係。

不用心急。一定會出現願意跟你成為好朋友的人。

面對人際關係，請想像自己開了一間店。

沒有大肆宣傳，店鋪陳設稱不上豪華，加上老闆並不是能言善道的類型。不過，很重視上門的顧客，讓人感覺很舒適……開一間這樣的店也很好。不需要追求生意興隆，但只要來過的顧客都會著迷，而且固定回訪。不如設定這樣的目標。

至於**【內向人建立交情的訣竅】**，有下列三點：

1 聽了對方的話要「附和」和「提問」。

在人際關係中，人最希望有個能認同自己、相處起來很舒服的對象。為了讓對方愉快暢談，在聆聽時請面帶微笑並適時附和，「原來是這樣啊」、「就是說呀」此外，別提出能以YES或NO來作結的問題，多問「為什麼？」「怎麼會這樣？」還有5W1H的問題，來延伸話題。

2 先了解對方的「喜好」。

一開始不可能了解對方的一切。在言談之間，如果能發現對方任何一項喜好，比方喜歡的食物、書籍、運動、電視節目、藝人等等，就能慢慢將這些內容帶進話題裡。當對方覺得「你很了解我」的時候，就願意說得更多。

3 找出「共同點」與「可尊敬之處」。

即使年齡、工作、立場不同，還是能找到某些共同點，讓對方發出「我也是！」的共鳴。在炒熱話題之後，相信立刻就能打成一片。此外，從同學或同事等與自己共同點較多的人身上，可以另外尋找值得學習之處，像是技能、個性等。尊重並認同對方與自己不同的地方，也可以彼此交換資訊或互助。藉由「共鳴」與「互助」，就能大大拉近彼此的距離。

24 面帶自然笑容的人最受歡迎

⇩⇩ 如何擁有讓女性喜愛的「笑容」

「只要有這個人在，現場氣氛就會變得很愉快。」這種人先不論是不是個性開朗，或是健談，還是外向，首先，應該是笑容燦爛的人吧。

用動畫人物來舉例的話，就像海螺小姐（サザエさん，日本長壽動畫的主角名）。她在採買東西回家的路上，跟附近主婦開心地聊天；邊哼歌邊準備晚餐，在家人回來時精神飽滿地打招呼「辛苦啦～」……雖然動畫的人物設定是昭和時代的家庭主婦，但在現代職場或朋友之中，要是有個像海螺小姐這樣的人，一定會很開朗、歡樂。

在女性的人際關係裡，笑容是讓一切順暢的潤滑劑。只要面帶笑容，即使是初次見面也能讓對方接受，和身邊的人的感情變得更好。原本難以啟齒的事情也能婉轉告知，這類笑容的效果，女性同胞在學習之後就能深深體會到。

然而，同樣是笑容，各位的身邊是不是會有「讓女性喜愛的笑容」，或是「不怎麼討喜的笑容」呢？

類似業務員制式皮笑肉不笑的人、用鼻子哧笑的人、嘴角歪斜的人、四下無人時就像變了個人，板著一張臉的人……在笑容背後隱藏著「輕蔑」和「心機」的雙面人，會讓身邊的人起疑，可貴的笑容也變得沒有價值。

會讓女性喜愛的笑容，是自然的笑容。如果是親近的對象，任何人都能輕鬆展現笑容，問題在於面對不熟悉的對象、甚至不知如何相處的對象，該怎樣做才能自然以笑容應對。

首先，當別人主動攀談，或是跟人打招呼時，**很多人都面無表情。因此，記得要帶著微笑正視對方**。此外，聽對方說話時要記得**看著對方的眼睛，並保持嘴角上揚**。「和對方眼神交會」是建立信任感時很重要的一點。無法建立信任感的人，通常很少跟談話對象有眼神交會。

常保笑容，不僅能改善與對方的關係，自己也會很愉快。不是因為開心才笑，而是笑容讓心情變好。沒錯，像海螺小姐那樣樂觀的人，大家就願意靠過來。

可以不時站在鏡子前試著微笑。嘴角上揚，眼角下垂，想些開心的事情。保持心情愉快也是成熟大人的禮儀。

25 利用小善意與小禮物建立交情

⇩⇩ 讓女性喜愛的「小善意」、「小禮物」心法

對女性而言，「小善意」、「小禮物」都是建立交情的方法。小時候有些女生會教其他人玩遊戲，或是送別人親手做的小卡片，這種人特別受歡迎。在辦公室裡主動詢問需不需要幫忙的女性，也是人見人愛。

「就算這麼做，對方也不會高興吧？」「輕舉妄動說不定會給人惹麻煩。」若是過度解讀可能會裹足不前，但其實任何小事情都會讓人開心的。至於不清楚該表達什麼程度的親切，或是送什麼禮物才好的話，可以參考下列三項心法：

心法1　簡單無負擔的小東西最受人喜愛。

要給女性朋友的善意或禮物，最好讓對方接受或收下後也不會感覺有負擔。例如，對方生日時心想要挑件好東西送她，結果送了昂貴的禮物，就會讓對方煩惱該送什麼回禮，造成對方的負擔。此外，與其一下子抛出巨大的善意，不如多做些小事情讓彼此頻繁往來，更能培養出同伴的情感。在工作上幫忙別人時，無須刻意擺出施恩

的態度說「我特別撥出時間」，而是設法讓對方好接受，輕描淡寫表示「我剛好有時間」就好。

心法2　站在對方的立場思考。

有時候自己覺得這麼做很好，但如果對方不想要的話就會變成「多管閒事」。像是別人想做的工作，卻搶先一步做完；對方沒有開口請教，卻擅自提出穿搭的建議；把自己不要的東西硬推給人家……要記得，重要的不是要滿足自己，而是要讓對方高興。只要仔細觀察對方的需求，就會知道自己能做些什麼才能投其所好，像是對即將旅行的人提供旅遊資訊，給加班的人送一瓶能量飲料等。不知道該怎麼做才好時，直接問對方「需要嗎？」給予選項也是一種方法。

心法3　不期待回禮，也不把自己的善意放在心上。

千萬記得一點，就是無論付出什麼樣的善意或是禮物，絕不能因為沒收到回禮而懷恨在心，說些「我明明給你～」這種話。如果事後老想著給了對方什麼東西，不如當初就別做了。盡量多做一些讓別人高興我也高興的事情，然後當下就結束。

如果能讓對方與自己都覺得幸福，這種善意就算釋出再多都划得來。

26 想著「自己是自己，別人是別人」，不與任何人為敵

⇩⇩ **受女性喜愛的訣竅**

女性喜歡的女生，和面對異性那種怦然心動的戀愛，是完全不同的方向。大概是直覺上有種「暢快感」吧。請想想看，在公司、朋友圈，或是小時候受歡迎的女生是什麼樣子。另外，也想想不討人喜歡的是哪種類型。這些人都有下列幾項正面或負面的特色：

- 表裡如一，很豪爽⇳態度因人而異。
- 表達自己的意見，但不會讓人覺得麻煩⇳不是欺騙身邊的人，就是被欺騙。
- 對別人寬大包容，很有禮貌，也懂得體貼⇳動不動就批評別人，愛在背後說人是非。
- 做想做的事情，走自己的路⇳跟其他人一起才放心，永遠跟著人群。
- 懂得切割，不被情緒牽著走⇳焦躁不安、耿耿於懷。

換句話說，**受女性喜愛的女生都是「對身邊的人很體貼，個性開朗，態度自然」。因為珍惜別人，也珍惜自己，和這種人在一起很舒服。**相反地，讓女性討厭的

女生大概是「太在乎身邊的事情，想法負面，表裡不一」。

人的個性無法立刻改變，但光是做到下列**【受女性喜愛的四項基本功】**，身邊的人看待你的眼光一定會變得不同。

1 總是將慰勞或感謝別人的話掛在嘴邊。

隨時詢問對方，「真辛苦。還好嗎？」即使對方是舉手之勞，自己也要抱著感恩的心向對方說：「謝謝你。」

2 不論人是非。

受人喜愛的女性就算聽到有人在講壞話，也不會跟著一起起鬨，或選擇轉換無關緊要的話題。她們反而會找出人家的優點，而且主動稱讚。

3 不會試圖讓自己顯得了不起。

不會為了討好別人而自誇、或不懂裝懂。坦率呈現自己真實的一面，令人喜愛。

4 遵守約定。

要讓人喜歡，最基本條件就是遵守約定。重要的是對自己說過的話負責，不輕易承諾做不到的事。女性的人際關係中「信任」是一大重點。對別人和自己都體貼，期許自己做一個讓人覺得「值得信任」的迷人女性。

27 開朗、風趣的人，會讓人想做朋友

讓人「想跟你做朋友」的訣竅(1)

有些人在初次見面，或是見過幾次就會讓人心想，「我想跟這個人交朋友！」她們是打扮入時、光鮮亮麗的人呢？還是小有名氣的人？或是擁有自己所欠缺的經歷的人呢？……不不不，面對這些人我們或許有好感、帶有敬意，但這跟想和對方成為朋友的感覺又不太一樣了。對女性而言，朋友是可以愉快聊上好幾個小時，彼此不需有太多顧忌，由此可知「感覺舒服」才是必要條件。

這種感覺舒服的氣質，簡單來說是「開朗」、「愉快」、「令人心情放鬆」吧。話雖如此，並不只是個性上的特質。其實只要稍微用點心，就能成為別人心目中「想成為朋友的人」。訣竅有三個，分別是：

1 使用正向的「言詞」。

跟開朗、正向的人在一起，連自己都會變得積極有活力。因此，不要使用負面言詞，要多用正面詞彙。像是早上碰面打招呼時，別抱怨「今天好冷真不想來上班」，

而改以正面思考「今天雖然冷，但天氣好棒啊」。面對嚴峻的挑戰時，別說「真討厭」，而要試著樂觀以對，「這些事情以後可以拿來當笑話講」。換個說法，看待事情的角度也能變得更開朗。

2 從日常生活中尋找幽默。

每個人都喜歡有笑容的人。雖說幽默，能讓人會心一笑就夠了。像是開玩笑稱對方「美女」、「名媛」，或是驚訝時誇張地說「眼珠子都要掉下來」，用「某某人好善良，就跟德蕾莎修女一樣」這類的比喻，或是說些有趣的小故事。多關心身邊好玩的事物，頭腦就不再僵化，也會為其他人多著想。

3 對方的快樂，就是你的快樂。

把別人的事情當作是自己的事情一樣高興，一樣思考，跟這種人在一起心情很放鬆。對方會配合自己的頻率，因此令人安心。不硬把自己的想法加諸給別人，如果對方把重點放在「真開心」、「好傷腦筋」這類情緒上，頻率就會自行調整配合。

要讓別人有「我想跟這個人交朋友」的想法，首先自己每天要過得開朗、快樂，並且對別人保持興趣，主動親近對方。對自己或對其他人都有滿滿「愛」的人，會令人感覺舒服，大家自然而然就會靠過來。

28 積極進取的人，大家都會想為你打氣

⇩⇩

讓人「想跟你做朋友」的訣竅(2)

朋友之中總有幾位女性，會讓人覺得「真想一直在她身邊，為她加油打氣」。仔細想想，這些人的共同點，都是「積極進取」的個性。想要不斷向前邁進的人，即使不說什麼，也能讓人感覺很舒服。無論面對工作、興趣、當義工、或是日常生活，都讓人對她們面對事物的認真態度感到佩服。

對職業婦女而言，就非常需要這種積極進取的友人，對自己能產生莫大的激勵。這些人都朝著自己的目標前進，個性不會拖泥帶水，能夠安心交往。就算不能頻繁地聯絡互動，但如果公司裡有個這樣的人，就可以獲得「我也要加油！」之類的打拚的動力，挺直背脊勇往直前。

此外，當遇到家庭、經濟、健康方面難解的狀況時，能坦然接受並積極向前的人，也令人想為她加油打氣。這些女性在艱困的狀態下絲毫不會感到絕望與悲觀，願意坦然接受，反倒有股越挫越勇的活力。

「積極進取」不是個性的問題，而是心態。光是落實下列**【成為積極進取的人會**

說的兩個口頭禪】，就能讓別人感受到你所展現的「積極進取感」。

1「那麼，該怎麼辦才好呢？」

例如，被指派做一件沒做過的工作時，不會立刻妄下結論「我沒辦法！」而是嘗試思考實際的作法，「該怎麼辦才好呢？」或者面對力不從心的事情時，不會一直找類似「沒時間」、「沒經費」等理由推拖，而是思考「該怎麼做才好？」在人際關係上彼此責備、陷入爭吵時，「那麼，該怎麼辦？」這句話很有效。因為這句話可以阻止想要打退堂鼓的心，而是引導心往開朗積極的方向。

2「真是機會難得！」

如果只是單調乏味地做著每天的例行公事，心境會感到疲憊，使得整個人散發出負面氣息。因此，比方泡茶時想著「機會難得」，就會留意溫度、濃度，並沖出最好喝的茶。參加宴會時，想著「機會難得」就會特別精心打扮。「難得有機會」跟其他人打招呼，記得要面帶微笑等，從這些小細節上散發出積極正面的氣息，自然而然會有人發現「這個人真是不錯，我想為她加油打氣！」

讓人「想跟你做朋友」的訣竅(3)

29 展現不著痕跡的體貼

女性之中讓人覺得「只要有她在，氣氛就融洽」的人，多半都能展現「不著痕跡的體貼」。雖然不是特別強調「我為大家做了什麼事」的親切，或是不需要特別道謝的小事，但就是令人窩心。這種體貼的女性，廣受女性及男性的喜愛。下方列舉**【成為體貼女性的小技巧】**：

1 站在對方的立場，確認對方的狀況。

工作上麻煩別人時要先問：「現在忙不忙？」，打電話時記得先向對方確認：「方便講電話嗎？」，開會時如果延誤到下一場會議了，會主動詢問對方：「時間沒問題嗎？」等，不會只顧自己的狀況。懂得站在對方立場著想的人，讓人安心。

2 先了解對方喜歡吃什麼。

在餐會上，有些人會殷勤幫忙夾食物、斟酒，十分體貼。但相較之下，如果對方知道自己喜歡吃什麼，這種人會更讓人喜愛。例如，對不喝酒的女性說：「有其他非酒精飲料唷！」點餐時提醒：「○○○不吃香菜對吧？」在公司裡買飲料時特別留意：「○○○的咖啡不要加糖」等，光是掌握別人平常對飲食的喜好，就可以提高別人對你的信任感。

3 看到有人無法融入對話時，伸出援手。

女性經常聊天聊得太過起勁時，就顧不得周圍其他狀況了。在聊得熱烈的當下，要是出現其他人不熟悉的話題時，能仔細說明相關資訊，幫助不了解的人進入狀況，或是將話題轉到對方身上「○○○覺得如何呢？」，在人們交談碰壁時，能伸出援手的女性讓人大有好感。

4 「舉手之勞」的體貼心意令人高興。

幫忙別人時，「舉手之勞」是最容易能讓人開心的。在辦公室倒垃圾時，拿起別人的垃圾桶說：「我順便一起拿去丟吧！」，買東西時主動詢問：「有沒有什麼要買的呢？」，和其他人共事時確認：「我順便把這些做完吧？」，像這樣能隨時做到「舉手之勞」的人，通常會給人「工作能力很強」的印象。

光是留意這四點，就能鍛鍊仔細注意周遭的「觀察力」，以及體貼對方心情的「想像力」。可做到「不著痕跡體貼」的人，氣質高雅且瀟脫。當然會讓別人認為你值得信賴，對你感到放心。

30 面對年長女性應表達強烈尊敬

⇩⇩ **如何與年長女性互動**

在職場人際關係中，因為「年長女性」而苦惱的人似乎不少。尤其是十分講究年資的公司，年長女性通常會擺出一副高高在上的態度，也容易情緒化。誇張一點的還會自以為像女王一般，任性而為，欺負部屬甚至出現職場霸凌的狀況……慢慢出現女性討人厭的部分。

我問了身邊朋友類似的經驗，大家紛紛表示：「經常得看個性陰晴不定的前輩臉色，覺得好累，撐了三個月就離職」、「自己不在大姐頭的派系裡，結果工作上的排班跟任務分配都遭受差別待遇，只能一忍再忍」、「表面上友善地親近我的前輩，卻在背後不斷講我壞話，好難過」等等，被害人的證詞愈問愈多。

不過，如果因為覺得跟年長女性相處真麻煩，加上話不投機，倒不如跟同年紀的人互動還比較輕鬆，就選擇與對方保持距離，那真的是太可惜了。舉止莫名其妙的年長女性畢竟屬於少數，如果能有具影響力的年長女性罩著你，再也沒有比這件事更令人安心了。她不但能指導你大小事，還會對你特別關照。在辦公室裡為你出頭，萬一失敗了也會特別寬待。

想和年長女性建立起良好的人際關係，需要的武器只有一項，那就是**「表達尊敬的心」**。**人對於別人是否對自己帶有敬意，是非常敏銳的**。從各方面都能找出對方值得尊敬的地方，像是「很熟悉職場禮儀」、「工作迅速」、「知識豐富」、「工作與家庭都能兼顧」等，然後坦率說出自己的感覺「真了不起」、「值得尊敬」就行了。

此外，即使彼此變得熟識，**「使用敬語」**、**「不能忽略禮貌」**仍很重要。別忘了尊重對方，例如不需要報告的案子也要向對方請示，請她提出建議。不時讓對方知道「我很珍惜你這個朋友」就行了。要是覺得對方的態度很討人厭，在大庭廣眾下針鋒相對，這就成了致命傷。年長女性最痛恨的就是囂張的小女生，她們會賭上尊嚴衝突，跟你來真的，到時候你只會落得慘敗的下場，遍體鱗傷。

表達敬意，同時提出意見的策略，不但成功率高，精神上也會輕鬆許多。人會重視尊敬自己的對象，並且會回報也尊敬你的行為。很多年長女性缺乏自信，內心也感到不安，表面卻在逞強。當個討人喜歡的後進，展現「不要緊，我很尊敬您！」的言行來讓前輩放心。

31 重視「若即若離」的適當距離

⇩⇩ 和實際上不願深交的女性保持距離的方法

在女性的人際關係中，並不是跟所有人保持好交情就好。

我們不是神，當然會遇到實際上並不願意深入交往的人。像是老愛控制其他人的大姐頭，或是愛講別人壞話、鬧話的人，還有不知為何就是談不來的人。當自己的心情不好，感覺不舒服的時候，就是該踩煞車，跟對方保持一段安穩的距離。話說回來，在工作場合或是親戚的往來上，有些人縱使再討厭也不能不互動。遇到這種狀況時，留意下列**【和實際上不願深交的女性保持距離的方法】**，一共有三點：

1 時間短的交談可以努力看看！盡量減少接觸的時間與頻率。

可以的話，盡量減少接觸的機會。勉強跟不喜歡的人交往，只會增添厭惡感，更容易情緒化。講話時盡量簡短，午餐時找個藉口各自用餐，不互傳沒必要的簡訊等。總之，減少接觸的時間與頻率，就能保持笑容應對，不會讓對方察覺自己的反感。

2 別說些情緒化的話！注意說話的內容。

跟討厭的對象交談時，有些話題會令人忍不住發火。例如，對於金錢、愛情的價值觀，其他人的八卦，避免這些容易形成地雷的話題。另外開玩笑或是帶有私密性質的話題也很危險，常會一不小心說出真心話，或是讓對方有見縫插針的機會。最好挑一些無關痛癢的話題。

3 厭惡的感覺會流露出來！刻意保持平常心。

面對討厭的人，那股厭惡感會不知不覺流露在表情或態度上。自己經常心想著「盡量不要和對方有牽扯」而敬而遠之，反倒讓對方的攻擊力道更強大，或者不僅當事人受累，破壞公司的氣氛等狀況。因此，只要做到基本的打招呼、面帶笑容，並確實「報告、聯繫、討論」即可。大原則是「保持平常心」。

就算覺得討厭，也可以想著「說不定對方出乎意料是個好人」，試著稍微接近，或發現「噢！還是沒辦法」後再次遠離對方。在反覆嘗試之下找出「若即若離」最理想的距離。

32 外表真的也很重要

如何成為在外表上討人喜歡的女性

某份網路問卷調查顯示，女性之間互相比較的項目中遙遙領先的第一名就是「外表」，第二名則是「另一半的水準」。美貌、穿著、皮包、首飾等「外表」，是最顯而易見一較高下的基準。

有趣的是，原本女性比較優越性是為了擄獲男性，但比起觀察異性，卻花了更多時間在觀察同性。

女性在互相觀察時非常嚴格。不只是在外表上競爭，還接收各項資訊，像是「這個人可以信任嗎？」「能不能成為好朋友？」外表對於女性的人際關係有很大影響力。

道理很簡單，跟衣著整齊又得體的人交談時，用字遣詞自然會很有禮貌；反過來說，面對一個穿著皺巴巴家居服的人，態度也會相對隨便。外表是禮儀的一部分，就像招待其他人到自己家裡一樣，愈是重要的對象，應該會整理得愈乾淨吧。

成熟的女性在觀察同性時的重點，與其評論對方「是不是美女」，更重要的是「對方所選擇的服裝、髮型，是不是適合她」。了解自己、懂得如何激發出自身吸引力的人，不會因為其他人起舞，本身即擁有自信。接下來就介紹提升美感的**【發揮自己最大潛力的三個方法】**。

1 每天站上體重計一次＆在鏡子前面觀看全身。

這樣做的目的是「多關心自己的身心」。站上體重計會發現，「昨天吃太多了，今天早上就簡單吃」，在鏡子前面看看全身，「二頭肌有點下垂，要多鍛鍊了」，這些都是為了要更客觀地來觀察自己。這麼做之後，會發現對於穿搭、化妝會愈來愈講究，非常奇妙。

2 交一些打扮入時、能提供穿搭意見的朋友。

開始不在乎其他人的眼光時，就會慢慢走向「大嬸化」。女性嚴格的眼光，也是提升自我、維持理想狀態的動機。要是有懂得打扮的朋友，可以向她們請教意見，或是買衣服時請對方陪同，也能提升自己的品味。

3 留意「抬頭挺胸」、「笑容」以及「優雅的用字遣詞」。

外表不是只有臉蛋和服裝。無論穿了多漂亮的衣服，要是不具備這三項要點就糟蹋了。光是挺直背脊昂首闊步，面帶笑容和慎選優雅的用詞，就能讓你看起來更美麗。

第3章

如何與討厭的人相處？

33 表裡不一其實也是誠實的表現

⇩⇩

如何因應在男性面前態度大轉變的女性

前陣子，一名五十幾歲的女演員在說明婚外情的記者會上邊哭邊說。當時在談話節目裡，有個搞笑女藝人評論這件事，讓我忍不住贊同。

「這麼說可能有人認為是醜女的個性太扭曲，但我覺得當情勢不妙時就哭，這一招只有美女才有效。從小身邊就有這種人，只要一哭就有男生去安撫……」

就算到了一把年紀，女性若隱若現的「小聰明」，依舊會讓其他女性看不順眼，忍不住想攻擊。即使不是美女，有些女性在男性面前仍然會扮演異性喜愛的類型，會做出裝可愛、賣弄性感等，這行為深深刺激著表裡如一認真生活的女子，以及她們的「女性特質」。其他還有像是明明在女生團體中懶得要命，遇到男性就變得殷勤，把對方照顧得無微不至；講話的聲音高八度，還會拉尾音；餐會上頻頻對男性肢體接觸，不斷撒嬌，或是只對男性友善等各種行為都有。讓人覺得「這傢伙個性很糟」的第一名就是「在男性面前態度大轉變的女性」吧。然而，如果對這種人擺出厭惡的態度，自己好像就成了欺負可憐灰姑娘的壞心後母。況且一想到為什麼男人都不會發現更是一肚子火。

那麼，面對在男性面前態度大轉變的女性，該怎麼因應才好呢？

首先，**把對方當作「誠實的人」吧**。任何人面對男性與女性的態度略有不同，是很正常的事。女人就算成了老婆婆，對外表英俊的男子也會特別好。

對這類人來說，她們是非常認真用撒嬌，並營造讓對方愉快的態度來面對異性的。比方說，在宴會中想盡方法坐到萬人迷男性身邊的女生，特別討人厭，但也可以換個角度想，她也是用自己的方法在努力呢。

接著，**自問：「自己是否有損失呢？」**如果這種女生接近自己盯上的男性，那麼自己也加入這場競爭就行了。這時候我很贊成玩大風吹的遊戲，製造大家可以換位子的機會。總之，千萬別顧慮太多而自行退賽，那就太可惜了。

不過，**如果是沒有特別希望博取好感的男性，就可以不必在乎**。不需要用到「女性特質」，就以平常心跟對方相處即可。最厲害的女生是不因對方是男性就態度轉變，無論面對異性或同性都很豪爽，言行舉止自然不做作。

34 對方若擺出高高在上的態度，輸給她也無妨

⇩⇩ 如何與態度高高在上的女性相處

前面也提過，女性都有想一較高下、競爭優劣的天性。但其中也有不斷想展現自己居於高位，具有優越感的女性，非常煩人。

我最近也遇到這種人。說話帶有看不起別人的口氣，動不動就炫耀，一副高高在上的態度，對其他人說的話毫不留情批評很無聊，有時甚至讓我有點佩服，「這種人究竟是怎麼能擺出這麼高的姿態？」另一方面我也覺得有點好笑，「這是在威嚇別人嗎？」之所以這麼做，是因為她們也感受到相當的威脅。

殘酷的是，人通常看到不如自己的人就會感到安心。

這些高姿態的女性，內心深處的想法就是「我在『這裡』就是比一般人強」、「所以我就算姿態高一些也沒關係」。

人們知道明顯的高姿態或是炫耀，都是討人厭的行為，近年來開始出現了「隱性高姿態」的女性。比方說，「我老是吸引到一些不怎麼樣的男人，就是吸引不到真愛」這類夾雜著自嘲的炫耀，或是「今年在巴黎爆買名牌，搞到現在荷包空空」這種用抱

怨來偽裝的炫耀。相信許多人在出席這類女性聚會時必定會覺得有種莫名的疲累。

偏偏這種老是看不起人的人，最擔心自己遭人看輕。因為無法靠內涵取勝，心懷自卑，才會不斷競爭，計較輸贏。看到不如自己的人成功了，也不想承認，反倒覺得這也沒什麼了不起。

真正高層次的人，即使什麼都不做也會獲得別人的欣賞；但想要獲得認同卻不得其法的女性，只好拚命表現自己。**我們對這種人只能心想，「請快點把你內心的不安一吐為快吧。」**

隨著這種人起舞，在情感上彼此競爭，只是浪費時間。**「對啦，是你贏了～」只要自己爽快認輸，對方攻擊的力道也會變弱**。如果能以寬容的心情來對待對方充滿不安的內心時，就給自己一個讚吧。

話說回來，長時間跟這種人相處真的很傷神，最好在適當時機更換話題，並與她保持距離。反正我們也不過就生活在這麼小的世界裡，也在渺小的價值觀中一決勝負，對方要是開心的話，輸給她多少次都無所謂啦。

35 把批評視為前進的力量

⇩⇩ 如何和動不動愛批評的人相處

愛批評的人通常分成兩種：一種是希望「對方」好，另外一種則是想要強調「自己」的存在。要區分批評是「為了對方」還是「為了自己」，其實從批評者的個性來看並不困難，但有時候兩者也會混在一起。愈是愛說「我是為了你好」的人，經常只是為了平息自己內心的焦躁。這裡介紹的主要是針對後者，也就是**【如何與動不動愛批評的人相處】**。

試著將煩人的批評攻擊轉化成讓自己變好的利器。

1 想想批評是理所當然的。

其實到處都有想批評與自己價值觀不同的人。有些人在現實世界中溫文儒雅，但一到網路上就變得非常強勢。網路上的討論區也常出現黑○○（藝人名字）的大量批評。只要在陽光下，就一定會伴隨批評。很多女性受到批評都會不開心，這其實滿可惜的。這會讓別人認為跟這個人什麼都不能講。重點是只要去聽對自己有幫助的意見就行了，不如展現虛心接受的態度吧。

2 這是檢視自尊心與信念的機會。

女性的批評多半是因為自己想要站在高人一等的地位，經常是「總之先批評再說」的狀況。因此，就算受到一點批評，千萬別一蹶不振，以為自己遭受全盤否定。當別人批評自己的個性或態度時，「這樣啊。」簡單一句話帶過就好。如果是做的事情遭到批評，使用「我」來當作主詞，委婉以「我認為這樣沒問題」來表達自己的主張，緩和對方的批評。例如，有人批評你：「都這把年紀還去學英文，沒用的！」就可以回應：「但我想學。」或是有人批評你的男友：「窮光蛋一個，很有問題！」就回答：「我覺得沒問題。」如果因此受到動搖，那就想想是否是自己的「自信還不夠」。

3 從批評中找出可以學習的東西。

當然批評有時也會帶來啟發，像是「原來還有這種想法」或「這些的確都是我的缺點，必須好好改善」。或者有時可當作負面教材，「這種批評會很討人厭」，心想著「多謝讓我學到了一課」也是不錯。

將批評化為正向力量，應該也可降低對別人的嫌惡感。

36 被排擠時的思考四步驟

⇩⇩ 發現被排擠時該如何思考

遭到排擠，對女性來說是非常嚴重的打擊。一旦發現只有我沒受邀一起吃午餐，或是大家不知道什麼時候開了一個ＬＩＮＥ群組時，就會大受震撼。對於以周遭的評價來認定自我價值的女性而言，一旦被視為不被人當作同伴看待時會很難受。讓其他人有「這人遭到排擠」的印象後，也很容易被忽視，或被當作瘟神，人人敬而遠之。

如果你覺得自己好像遭受排擠，請參考在團體中**【發現被排擠時該如何思考】**的方法。

1 客觀檢視自己。

當你覺得別人避開自己時，往往會把眼光朝著其他人，而認為大家都好冷漠，但這時可試著把目光朝向自己，想想自己給人什麼樣的感覺。之所以容易遭到排擠，有時候因為自己是特別搶眼的「出鋒頭」類型，或是完全被看扁的「受人忽略」類型，還有是想討好所有人的「膚淺」類型等，但最多的就是害怕與人相處的「戒慎恐懼」

類型。這種人會不知不覺散發出一種「別過來！」的氣氛。就算表面上擠出客套的笑容，仍然讓人感受到內心的情緒。找到原因，就有改善的空間。

2 營造容易交談的氣氛，訣竅是「主動攀談」。

接下來請你主動發言。利用打招呼或是提出問題的機會，營造出容易交談的氣氛。搭乘電梯時，「方便一起嗎？」或是「不好意思，借過」，簡單一句話也無妨。光是主動攀談就能讓別人對你大大改變印象，也製造與別人交談的機會。

3 遇到對方閃躲，不逃避、大方面對。

即使覺得對方逃避，自己也不要避開，保持平常心面對即可。遇到這種狀況，的確會讓人想錯開吃午餐的時間，或是需要聯絡時猶豫不決，但如果老是這樣，與別人相處會變得更痛苦。請以坦然、大方的態度面對。

4 接受不合群的自己。

如果不是遭到霸凌，稍微與眾不同其實也不用想得太悲觀。尤其在辦公室，畢竟不是交朋友的地方，相信也有不少人認為「雖然有點孤單，但跟一大群人在一起更痛苦」或是「一個人反倒輕鬆自在」。可以告訴自己其實不需要勉強和大家在一起。

與其在乎別人眼光，不如優先考量「該怎麼做能讓自己最舒適」。

37 輕視會愈變愈嚴重，必須盡早因應

⇩⇩ 如何簡單因應他人的輕視

人有時對於認定不如自己的人，會採取一種輕視的態度。我也曾經有過「啊，對方瞧不起我吧？」的感覺。忘記約定、對自己和其他人的態度明顯不同、交談時口不擇言……唉，這種程度的話都還能一笑置之，但如果對方是同事或媽媽友這類幾乎天天打照面的人，內心應該會很難受吧。有個朋友幾乎每天都遭受女性前輩在大庭廣眾下怒斥，甚至還破口大罵她：「臭死了！」這已經是達到職場霸凌的程度了。

就我個人的經驗，這種習慣瞧不起別人的人，會不斷嘗試「到底能輕視對方到什麼程度」，因此採取的行動經常會愈變愈嚴重。如果默不出聲，當作沒這一回事，對方會認為瞧不起你也無所謂，因此得盡早因應。

另一方面，遭受輕視的人本身也存在某些問題，例如：「優柔寡斷、不說出自己的想法」、「說話聲音太小」、「外表不修邊幅」、「無論別人說什麼都不生氣」等。提醒自己在言行舉止上與這幾點相反，就能擊退別人的輕視。這裡介紹五個**【如何簡單因應擊退別人的輕視】**的方法：

1 大聲且清楚說出自己的想法，就不會遭受輕視。

對方詢問時，不要「嗯……」苦惱沉吟，要立即回答。光是打招呼或回答時放大音量，就很有效果。

2 表現出不高興，就不會遭受輕視。

表達自己的感情，會成為對方改變態度的關鍵因素。「太毒了吧。」「話不必講得這麼難聽。」一類似這樣，讓對方了解自己的心情。「你這個人沒用啦。」當對方口不擇言時，「你剛說我這個人沒用嗎？」重複一次對方的話，讓他知道自己說了什麼，應該就會發現話說得太過分了。

3 有了支持自己的夥伴，就不會遭受輕視。

個性膽怯的女生很容易被別人瞧不起。結交健談、熱心助人的朋友來支持自己，也能有個可商量的對象。

4 打理好外表，就不會遭受輕視。

跟穿著邋遢上高級餐廳會被瞧不起一樣。好好打理自己，別人也會好好對待你。

5 只要在心態上保持「優越」，就不會遭受輕視。

用冷靜看待一切的態度應對，秉持著「有錢人不隨便跟人吵架」的高傲精神，以無懈可擊的態勢來因應。

38 和自我且八面玲瓏的人保持距離

⇩⇩ 如何和八面玲瓏的人相處

無論面對什麼樣的人，都是一副討人喜歡的模樣，就是所謂「八面玲瓏」的人。一般都會認為這種人是「好人」，但其實多數女性在心裡會覺得看得真煩、好像很精明，反倒對這種人存有戒心。

這種對任何人都很好的人，不會說出真心話，也搞不清楚她到底在想什麼。由於她要顧及各方面，因此經常會顯得優柔寡斷，言行前後矛盾。此外，若是對方在社會上是有頭有臉的人物，就更麻煩了，因為這種人常會為了籠絡別人，而洩漏其他人的祕密，換句話說，在女性之間這種人是「信不過的人」。

由於這類人基本上個性開朗，也沒什麼敵人，並不是壞人，常會令人覺得「不懂得跟她好好相處是我的錯嗎？」而不知該如何因應。其實，**【與八面玲瓏的人相處原則】**就是維持表面上不痛不癢、無關緊要的關係。

1 八面玲瓏的人口中的「好棒」或稱讚都別當真。

八面玲瓏的人基本上無論聊什麼，都會出現「我懂～」「好棒哦～」「太厲害了～」這類肯定的反應，但她只是配合對方，認真的話會被耍得團團轉。只要在心裡想著：「她還真會講客套話」就行了。在某個主題上希望聽到她的意見時，不要尋求她的贊同，直接請對方提出意見，也是一種方法。

2 在八面玲瓏的人面前，絕對別說壞話和祕密。

跟這類人即使覺得談得來，千萬也別一下子交心。有時候在她面前講了別人的壞話、抱怨公司或家庭，還是談論自己的煩惱，有可能事後被傳出去，讓你氣得跳腳「居然被出賣了！」通常人際關係變得複雜難理時，多半也是因為八面玲瓏的人在搞鬼，所以要特別留意。交談時挑些像是講起來「好開心！」「好有意思！」「真好吃！」這些能夠聊得正面又開心，但無關緊要的話題。

3 和八面玲瓏的人保持距離。

由於這類人都不是大奸大惡之徒，若是因為不擅於往來而擺明了疏遠，反倒會讓你變成了壞人。不需要特別花心思，就跟其他人一樣，保持距離即可。不過，八面玲瓏的人多半對每個人都和顏悅色，反倒累積了很大的壓力。有時候聽聽她傾訴，說不定能逐漸敞開心房，或許可以相信對方。當在保持恰到好處的距離互動下，對方也可能是能夠親切互助的好人。

39 面對愛找藉口的人，先釐清各自的責任範圍

⇩⇩ 如何應對動不動就怪罪別人、滿嘴藉口的女性

打死不承認自己有錯的女性，自尊心很強，但多半又並沒有與之相符的實力。總之，她們會隨便找個藉口，扯東扯西，設法蒙混過去。

我曾經參加過一個旅行團，負責帶隊的就是個典型的「找藉口女子」。錯過時間沒搭上電車說是「車站的時刻表有問題」，到了預計要去的景點休館，就把矛頭指向其他人，「是副領隊沒事先確認」，讓當場氣氛變得很僵。甚至她把向大家收取的費用弄丟時，還說謊「是在旅館被偷了」，搞得大家雞飛狗跳。

這種「找藉口女子」在犯錯、失誤、情非得已的評價下，要是自己成了惡人，不僅會失望，當事態嚴重時，甚至還不惜說謊，從頭到尾全都是藉口。就像小孩子被媽媽大罵「亂尿尿」時，會找藉口一樣：「不是我！是小狗啦！」大人的藉口乍聽之下似乎有理，但也更糟糕。那麼**【如何面對找藉口女子】**？

1 清楚畫分責任範圍。

藉口通常在有狀況發生時出現，因此事先防範很重要。尤其在工作場合，能夠釐清具體的任務分配，就可以避免推卸責任。為了避免事後爭執到底有說過還是沒說過，要留下便條或e-mail的紀錄。

2 「不是只有你會這樣」給對方台階下。

要是把找藉口女子罵得狗血淋頭、狠狠斥責，雙方絕對會爆發衝突。對於自己被當成惡人想必心有不甘，心生怨恨。由於這類人個性敏感，容易受傷，千萬別窮追猛打。讓對方認為不是只有一個人的錯，讓她稍微減輕罪惡感。「每個人都難免搞砸」、「我也出過這種錯」，安慰對方後再提醒她：「我們互相再多留意。」

3 與其責備「為什麼這樣？」不如放眼未來「該怎麼做？」。

對於找藉口女子的禁忌關鍵詢問字是「為什麼？」「怎麼會這樣？」然而這些只會引來更多讓人不想聽的藉口。不如用「那麼，該怎麼做才好呢？」讓對方放眼未來，想想之後的發展。

4 太誇張的藉口不必理會。

如果對於藉口總是寬容相待，對方會認為這招式有效，有時候反而助長對方氣燄。因此，偶爾必須表達自己的不高興。「那麼，下次就拜託你了。」像這樣直接結束話題，不必多加理會。

40 是真心話還是場面話？對讚美的言詞別想太多

⇩⇩ 如何正確應對動不動就讚美別人的女性

時常聽到有人說，「女生互相奉承真麻煩。」例如，在洗手間遇到時，「你的指甲油顏色好漂亮哦～」或是「你的衣服都好好看耶～」連沒什麼大不了的事情都要互相吹捧，受到讚美的一方覺得是客套話，「其實你心裡不是這麼想吧？」「這是在展現優越感嗎？」「是不是對方也想要得到稱讚啊？」有時甚至會這樣上演腦內小劇場。女性之間的默契似乎是反正先找到讚美的點著急之下想要讚美對方，結果說出來的稱讚卻很掃興。當聽到別人讚美時，是不是會夾雜著高興，和不知該如何反應的心情呢？

不過，對女性來說，「讚美」就跟握手差不多，是一種溝通方式。

放眼世界，無論歐洲、南美洲，全球各地的女性之間互相吹捧的風氣比日本更盛行。連看到我這種中年女性都會稱讚，「好漂亮的裙子～」「你的聲音真好聽～」，從接收到的資訊中努力尋找可以稱讚的地方。有時甚至讓我很感動，「原來古今中外，所有女性都是這樣互相稱讚、緊緊相繫的啊！」

面對動不動就讚美別人的女性，因應方式是「不用想太多」。對方想要跟你好好相處是事實。考量到對方很努力取悅自己，表示開心是一種禮貌，這就是善於接受讚美。除此之外不需要太深入推敲。

最不好的是把這些話當真。例如，對方跟你說：「哦？你瘦啦？」要是你認真回答：「才沒瘦咧。」對方也會覺得掃興，像回答，「其實沒有耶，但是你覺得瘦了嗎？真開心。」就很得體。當對方稱讚你字寫得很漂亮時，「沒有啦，沒這回事。人外有人呀。」這種謙虛的應對也不太理想。

最好的應對就是先表達感謝，然後讚美「對方的讚美」。

「謝謝！你的讚美讓我大受鼓舞。」「謝謝。你居然發現這一點，太開心了。」類似這樣。

這麼一來，「回覆讚美＋感謝」可以一次完成，也不必煩惱找不到可讚美對方的地方，而勉強自己。不過，如果發現對方有其他優點，就算是小地方也請積極讚美。不用想得太困難，輕鬆互動即可。

41 對三心二意的人寬容以對

⇩⇩ 如何與動不動就改變說法的女性相處

日本有句諺語：「女人心就像秋天的天空」。說這句話的該不會是男性吧？因為女性前一秒還笑咪咪，一轉眼卻又氣呼呼，就像秋天的天空一樣，變化迅速。

其實，對於不受過去束縛、放眼未來的女性而言，在反覆思考各個方向後，為了更適應環境，會改變想法與心情是很正常的。每個人固然在程度上有差別，但幾乎所有女性都有這樣的特質。

比方說在討論尾牙場地時，有人明明一開始贊成說：「還不錯耶！」但到了隔天，卻又反對說：「好像還是不太好吧？」其他還有像是「我要辭掉工作！」「我要跟男朋友分手！」這種話不知道說過多少次，卻始終沒付諸實行。經常會做出「放羊的孩子」行為的人。

面對這種變幻莫測的女性，就抱持寬容的態度吧。「你上次已經這樣講過啦，不要變來變去啦！」會因為這種事情生氣的女性，不僅對人不寬容，也不好相處。「哎，接下來又會變成怎麼樣？」不如就用一種看戲的心態，靜觀其變吧。

只要把這種人當作「想法很容易變來變去的人」，自己多留意就好了。萬一太誇張，可以提醒一下對方：「跟之前講的不一樣哦！」不過，這種經常改變的個性很難修正。總之，時間久了這種人就不受大家信任，在社會上也會嘗到苦頭。

不過，要是這種想法隨時改變的是公司主管或前輩，我們很容易被他們耍得團團轉。這種人雖然腦袋出奇靈活，轉得很快，持續想到不少新點子，又很想立刻付諸實行，經常帶給身邊的人麻煩卻不自覺。如果會自覺理虧講一下「不好意思，又改了」的話就還算他有良心。

面對不斷改變的指示，因應的方法就是「不要過於情緒化，向對方提出合理的意見與方案」、「先暫緩決定，靜觀其變」、「記下對方說的話」、「多次確認『這樣真的好嗎？』」等。不過，也有一些人大權在握，強烈希望眾人「重視自己」，這麼做或許會招致怨恨，或討人厭。請記得務必要冷靜應對。

每個人對於相信的程度各有不同，如果覺得「有一半可信」就不用太計較了。

42 分辨口風緊與大嘴巴的人

⇩⇩ 如何與會洩漏隱私的女性相處

當女生說：「我只告訴你一個人……」時，絕對不能當真。

除非是相當親近且值得信賴的人，否則最好存有「我們又沒那麼熟，既然你會跟我說這些，也可以跟別人說」的想法。即使這句話已經沒那麼多人相信，但聽到的人又會用「我只告訴你一個人……」當作藉口，繼續傳播出去。如果這個祕密愈是「讓人忍不住非說不可」的類型，愈可能走漏風聲。例如，公司內部的人事異動，或是誰跟誰正在交往，講的時候以為「只有自己知道」，結果經常是「大家早就曉得的事情」。

女性喜歡聊這些八卦，除了「希望別人聽自己說話」的心情外，還有「講一些其他人的新鮮話題讓對方開心」這種取悅別人的想法，另外就是「想跟別人套交情」。分享祕密會讓女性覺得愉快，並不是一件壞事。

不過，有時候因為相信對方而告訴她，結果隱私全被洩漏出去，也有這樣誇張的情況。

這究竟算是誰的責任呢？當然是主動說的「自己」。**洩漏祕密的對方固然有錯，但無法分辨誰是大嘴巴就是自己的錯了**。有些看似朋友接近自己的人，也可能是敵人。千萬別到處隨便告訴別人自己的隱私。保護自己，這是不變的原則。女性絕對不能搞錯脫衣服的地方和對象。

事後再怪對方：「我明明跟你說這是祕密呀！」就來不及了。早就該料想到這種事態，極力避免「我只告訴你一個人」的狀況發生。

告訴對方祕密，等於給了對方「想說卻不能說」的壓力。為了不樹敵，最好要非常謹慎。

如果實在太想說出祕密，分辨出「口風緊、可信賴的人」就很重要了。

有幾個判斷的重點：「從這個人口中從來沒聽過別人的祕密」、「不會在背後說其他人的壞話」、「不刻意強調『我這個人口風很緊』」等。如果彼此的關係很親近，甚至還能以「互相握有祕密」來加強雙方的約束力。

但為了維繫良好關係，面對彼此最好都畫下界線，言盡於此。

43 把過於強調自我的女性當成小孩子看待

如何跟動不動強調自我的人相處

相較於顧慮周遭而什麼都不說的女性，清楚表達自己意見的女性比較好相處。不過，要是過於強調自我就有點棘手了。

例如，事情沒有依照自己的想法就不高興、無論談論什麼話題都會切換到自己身上、受到別人幫助也會當成自己的功勞、老是愛自誇、非得讓自己成為主角，否則不善罷甘休等。

為什麼對方會這樣充滿自信呢，想必是在什麼地方獲得信心吧，認為自己說的絕對不會錯、展現強勢的人才會贏。除了一直以來成績優秀，備受尊敬這種「順理成章強調自我型」之外，還有充滿自卑感，卻根據經驗在這種情況下強勢一點沒關係，來增添虛榮心的「會錯意強調自我型」。

說出自己的意見，或是展現自我，這些都沒什麼問題。問題在於完全不在乎對方，也沒有考慮到其他人的感受。

清楚表達自己的意見，但也能傾聽別人意見的人，一定會讓其他人覺得她真是個好人，或者她真是個爽快又好相處的人。

過於強調自我的人，無法掌握自己OK，對方也OK的平衡點，在不知不覺將自己的意見才最重要的想法深深烙印腦中，聽不進其他意見。批評別人說的話，對於別人怎麼感受自己的意見毫不在乎。更嚴重的話，甚至還會試圖控制對方。

很遺憾，對於過分強調自我的女性沒什麼藥可以醫。即使曉以大義，「多少聽聽其他人說什麼啊！」這種人的個性也不會改變，跟她們起衝突也沒有勝算。強調自我的女性最討厭的就是別人否定自己。基本上，來自別人的批評會被完全阻隔，然後更加強調自我，你說一，她就回十，使出全力奮戰，非常危險。

話說回來，也不需要附和她。**最好是與對方保持距離，以「君子之交淡如水」的心情互動。**當雙方意見相左時，「你是這麼想的啊，原來也有這種想法。」對於對方的意見表示肯定，一方面加入自己的意見，「我倒是覺得～比較好。」

強調自我的女性，有時候對於其他沒能做出預期回應的女性，會狠狠給予一擊。**面對這種狀況就是讓自己成熟的時刻。心想對方是個「孩子」，隨她去吧。**

44 從不做事的同事身上也能有所收穫

⇩⇩

跟懶女人相處的訣竅

問一些四十歲左右的女性，「在辦公室裡哪種人最讓你感到不耐煩？」絕大多數的回答都是「不做事的人」。很認真卻沒什麼能力的女生，還好一點，但意興闌珊、多一事不如少一事、成天偷懶，只想著讓自己輕鬆一點的「懶女人」，就是令人火大。一起工作的同事說到，「連試都不想試，馬上就擺出一副辦不到的反應，真是教人頭痛。要不然就是裝忙，連電話也不接，把雜務都推給其他人，但超愛講閒話。結果連我們都受影響，真划不來！」

這樣的感嘆多半出自於工作能力好的女性，因此，看在對方眼裡或許會認為「要求真高耶，煩死了」、「工作輕鬆愉快不好嗎？」

據說螞蟻群無論怎麼調整，都會分成二〇％的勤奮螞蟻、六〇％的平凡螞蟻，以及二〇％的懶惰螞蟻，「有那個人去忙就好了嘛～」像這種懶女人會出現也是無可避免。那麼，**【跟懶女人相處的訣竅】**是：

1 不要與懶女人比較或對她抱有期待，專注在自己的職責上。

通常在比較別人與自己的工作時，或是對別人有期待，就容易不耐煩。這種不耐煩的情緒最浪費時間。如果沒有對自己有太大影響，就不必管不做事的人了。想想「別人是別人，自己是自己」，依照自己的步調走就好。

2 想想「因為有懶女人的存在，自己才能獲得高評價與成長」。

主管和其他同事都看在眼裡，多虧有懶女人，其他人對你有更高的評價，知道你是很努力的人、工作能力很強。如果身邊一直都有工作表現優秀的人，你的分數自然就會變低。此外，要是對方在工作上偷懶時，「我來仔細檢查」；或者工作進度慢時，「我來提高效率！」就像這樣，也能讓自己提升技能。

3 清楚表明和懶女人的任務分配，各自負責。

當自己的工作出現狀況時，不要責備「有人偷懶」，而要具體分清楚各自的任務。此外，也可以訂出時程，像是「這件事麻煩在星期五之前完成」，非得在期限內做好不可。另一方面，讓所有人「看得見」各項任務與工作的進度，也是一種方法。如果工作進度真的差太多時，或許也能找主管或是可信賴的同事一起解決。

基本上，因為無法改變懶女人，最好的作法就是跟她畫清界線。

45 遭到嫉妒就謙虛以對

⇩⇩ 如何因應扯後腿的女性

女性在社會上行走，幾乎都一定會遇到「扯後腿」的狀況。所謂「棒打出頭鳥」，是一群女性在齊頭並存下的原則。

至於扯後腿的原因形形色色，例如：工作能力強、受到主管賞識、態度很囂張等。甚至聽過女性一旦升上管理階層，就互扯後腿，最後搞得整個辦公室烏煙瘴氣這種事。尤其居於上位的女性，不僅會遭到同性的厭惡，男性也會因為不想輸給女人而燃起競爭心。

如果遇到刻意扯人後腿的女性，千萬別理會。就算真的遭到扯後腿，要是彼此沒完沒了，也不會有任何好處。

講到「扯後腿女性」有很多類型。這裡根據幾種原因來介紹**【因應扯後腿女性的方法】**。

1 因為嫉妒而扯人後腿↓假裝沒發現，謙虛應對。

會扯人後腿的原因幾乎都出自「嫉妒」。話雖如此，當事人經常沒有自覺，而出現冷嘲熱諷、說人壞話、打小報告、批評、漠視、不合作等損人的行為。正義感強的人會忍不住反擊，或是試圖糾正對方。不過，這麼做只會招來怨恨，得到反效果。散發出「厭惡氣場」，而讓對立變得更深。不如假裝沒發現對方的嫉妒，睜一隻眼閉一隻眼就算了（不過，若誤解太深就需要適時澄清）。展現出「我也有不周到的地方，請幫助我」這種謙虛的態度，對方的攻擊應該也會逐漸趨緩。不用心急，一步步達成自己的目標。

2 因為遷怒而扯人後腿↓不用理會，保持距離。

有句話說：「別人的失敗就是我的快樂」，的確有些人會將壞心情遷怒給其他不相干的人。就像是受到無妄之災，隨之起舞只是浪費時間。最好的作法就是在心中畫一條線，與對方保持距離。

3 因為不服輸而扯人後腿↓轉換為成長的能量。

對方因為害怕其他人有優勢，就會特別挑剔別人的意見，嚴重時還會阻礙別人。這也是一種嫉妒。既然這樣，不如趁機轉化為成長的能量，「我也成為別人眼中的對手了呢！」「不過，我一定會撐到對方失去攻擊意願！」只要增強實力，讓眾人無法忽視，就不怕有人來扯後腿了。

46 經常遇到同樣的埋怨則不必奉陪

⇩⇩ 如何適時中斷「冗長的話」

基本上，女性都很喜歡聊一些沒有重點的事情。而且如果是談得來的人，聊上幾個小時也不成問題。不過，如果是聽對方單方面的抱怨或炫耀，而且每次話題的走向都一樣，跟這種人相處也很辛苦。這種現象經常出現在認為「自己地位較高」的女性面對地位較低者時。她們總愛說對方不了解的專業領域，或是時事話題、年輕時期的豐功偉業等，永遠不缺話題，可以很開心地暢談。此外，如果是發牢騷的話，也會因為對方和自己「同等」或是「比自己地位低」，所以可以放心。

千萬別太認真跟這種人互動，或是想幫她解決那些抱怨的問題。

因為，她們根本沒有想要解決問題。

她們腦子裡只有「我想講」而已。本書中已經提過很多次聆聽的重要性，但如果發散出「無論你講多久我都願意聽」的好人氣場，很容易就成了這種不甘寂寞者的獵物。加上「女性經常物以類聚」的習性，只要被逮住就很難脫身。

因此，關鍵在於「迅速逃離」。下面介紹**【如何適時中斷冗長的話的方法】**。重點是找到對方可以接受的理由，瀟灑離開。

1 「我待會兒還有事情。」

覺得交談時間可能拉長時，就用還有其他事來當擋箭牌，以心懷愧疚中斷話題是好方法。「我得搭〇〇分的電車」、「宅配五點之後會送東西來」等理由皆可。

2 「我今天只有一小時的空檔。」

面對每次講話都講很久的人，可以一開始就先提出時限。設定好一小時的鬧鐘提醒，「哇！已經這麼久啦，下次再聽你說。」可運用這類小技巧。

3 「我去一下洗手間……」

在辦公室裡隔壁的女性話講個不停時，可以用上廁所、講電話，或是「我去幫忙一下那邊的工作」之類，離開現場強制中斷談話。

4 殺手鐧就是營造毫不關心的氣氛。

如果在無法移動，也無法停止對方繼續講的狀態下，就營造出「不要跟我說話」的氣氛。「裝忙」、「反應慢半拍」、「回應時壓低聲音，有氣無力」、「不要露出笑容」等，應該就能讓對方打退堂鼓。通常話講很久的人大多都有自覺，因此不會有什麼麻煩，就安心逃離吧。

47 道不同可以不相為謀，但不必「為敵」

⇩⇩ 不在意價值觀差異的方法

有一位朋友想要將孩子送去托兒所，自己外出工作。但住在遠方的婆婆卻抱怨：「居然因為自己想工作就把孩子托給人照顧，沒資格當媽！」當朋友向其他媽媽友發牢騷時，沒想到對方卻冷冷回答：「你婆婆說的也有道理。」這位朋友怒道：「為什麼你們的想法都這麼古板？」之後有好一陣子和婆婆及這位媽媽友斷絕往來。

很多人一旦價值觀遭到否定，就會認為自己也被否定。因此，面對價值觀的差異時，必須十分小心。惹惱其他人時還心想：「為什麼他要這麼生氣呢？」這種時候，說不定你已經在不知不覺否定對方的價值觀了。

另一方面，當感覺到自己和其他人價值觀不同時，則會陷入焦躁不安，影響身心。其實，**只要當作像是跟外國人進行文化交流就行了**。世界上有各種人，價值觀不同也很正常，心想著「哦？原來也有這種想法啊？跟我不同呢。」輕描淡寫帶過即可。

此外，也可以試試下面這些**【不在意價值觀差異的方法】**。

1 「觀念不同的地方」不用想得太嚴重。

在價值觀的差異上鑽牛角尖，狀況就會愈演愈烈，像是「為什麼這個人那麼沒禮貌？」「為什麼她這麼吵？」但幾乎所有問題都能用「其實人與人之間也有這些『觀念不同的地方』」來帶過。別因為價值觀的差異而全盤否定對方，不製造問題也是為自己好。

2 對價值觀的差異要「相互包容」。

即使堅持「自己是對的」也不會有任何好處，更無法改變別人的價值觀。因為對方也會覺得「為什麼這個人會這樣」，別忘了虛心思考，「說不定我也讓別人覺得很煩」。只要想到「彼此總有差異」，就不會去計較太多。

3 以另一種態度和不同文化的人相處。

對認為「小孩子就應該由媽媽帶大」的人講托兒所的事情，是不會獲得共鳴的。如果能尊重對方的文化，不著痕跡地改變話題，或許可以找出對方能接受的說法。

4 著眼在彼此合得來的地方。

若只因為價值觀的差異就不往來，這樣就太可惜了。要是彼此有相同的目標，或是同樣的喜好，就能分享資訊。甚至因為有不同的價值觀，還能學到更多東西。只要把重點放在「合得來的地方」，焦躁感應該也會消失。

48 對方的行為大部分都沒有惡意

⇩⇩ 感覺不到「惡意」的祕訣

苦惱於人際關係的時候，就是為對方的言行所傷，而覺得自己遭受否定、惹人討厭。

不過，**其實對方幾乎都是「沒有惡意」的**。從對方的角度來看，只是覺得很正常或是感到困擾，所以說出這樣的話，或表現這樣的態度如此而已。

當你遭到提醒、批評、冷嘲熱諷、惡言相向、忽視、鄙棄等令人火大的行為，幾乎都不是因為對方對你懷有惡意。說穿了，就跟在車站有人撞倒你的狀況差不多。

雖然鮮少面對的是真正的憎恨，但如果能將這些對方的情緒與言行舉止都視為「對方的問題」，就能立刻切割。責任是在對方身上。

請養成習慣，區分「對方的問題」與「自己的問題」。

會說出什麼樣的話，要展現什麼樣的態度，都會因為對方的個性、人格，以及溝通能力而不同，但這世上並沒有完美的聖人。每個人或多或少，都會有些「令人困擾」的地方或行為。

不過，這些都是「對方的問題」，跟我們沒有關係。

若我們把別人的言行舉止視為「惡意」的話，就會很生氣，但如果能站在高點，將這些當作是對方的個性、人格等「對方的問題」，就會覺得「既然是人也沒辦法」。

至於要如何看待對方的言論與行為，就是「自己的問題」了。

有些人被別人罵了很難聽的話會苦惱很久，但也有絲毫不覺得受傷的人。如果被刀刺傷，一定會身受重傷，但換成言語或態度，就看自己接受的方式，有時候的確能絲毫不受傷害。把這些當作是「對方的問題」，不在乎就行了。

如果受到對方批評，而批評的地方也很正確時，還可以當作修正自身行為的參考。這時，只要接受自己需要的「內容」，而非對方「說話的態度」，剩下不相干的部分，左耳進右耳出就行了。

就算對方真的懷有惡意，如果因為這樣受傷更是沒道理。這不就等於讓對方達到目的了嗎？自己的情緒就是「自己的問題」，自己要照顧好。千萬不能怪罪給對方而輕易受傷。

第4章 如何在人際關係上不吃虧？

49 不在乎流言蜚語，當個灑脫的人

⇩⇩ 如何不被背後的流言蜚語與壞話打倒

你有沒有被人在背後講過壞話？

或者，你有沒有在背後說過別人的壞話？

幾乎所有女性對於上述兩個問題的答案都是ＹＥＳ吧。「沒有沒有，從來沒有人覺得那是在背後講壞話呀」，會這麼回答的人，也許只是沒有自覺，其實自己也曾說過不少次吧。在背後道人長短、講人壞話，也是女性消除壓力，以及證明團結的一種方式，不會造成太大傷害，頂多是聽了很火大的程度，而且還可以在沒什麼罪惡感之下炒熱氣氛。女性下意識會小心翼翼希望能讓所有人喜歡，**因此每個人都可能被別人在背後惡意中傷**。

話雖如此，在狹小人際圈中的這些背後的冷言冷語其實很傷人。當聽到「其實大家都說你是～」時，會覺得自己再也無法相信任何人了。因為這樣，有些人從此對人心存戒心，或者開始討厭自己，也有些人怕一缺席自己就成為被說壞話的目標，導致每場大大小小的女性聚會必定參加。

要如何才能**【不被背後的流言蜚語與壞話打倒】**呢？

1 不要當「不被人講壞話的人」，而是當「被講壞話也不在乎的瀟灑人」。

在背後被人講壞話，因為不是直接面對面，而是在背後偷偷說，所以負擔並不大。「這不是『抱怨』而是『私底下偷偷說』」、「不用特別回應」。既然這樣，即使有人告密，只要不是面對面直接說，那麼，「愛講就隨對方去講吧」。無論有沒有人在背後偷偷說你的壞話，都不要改變自我的價值觀。如果認為有需要反省的地方，針對能讓自己變好的這部分謙虛接受就行了。

2 盡量以平常心面對。

不需要因為對方在背後說你壞話，就擺出低姿態，或是反過來對對方愛理不理。如果遇到對方看似要說你壞話的狀況時，依舊保持平常心跟他打招呼吧。面對面時說不出口的人，在一對一的狀況下會表現得友好。

3 時間會解決一切。

有人講你壞話，不算是致命的傷害。壞話也不會一輩子講不停的。

只不過，講人壞話的人一下子就忘記，但被講的人可能無法輕易忘懷。因此最重要的是，就算有人講你的壞話，也盡量不要去講別人的壞話。

50 千萬別腦補別人的冷嘲熱諷

⇩⇩ **不隨便自我否定的方法**

不少人在聽到別人的冷嘲熱諷時，會一蹶不振，甚至全盤否定自我。人在感到不安時，容易鑽牛角尖，有時候會覺得所有事情看了都好煩，無論對別人，或對自己都一樣。人類為了活下去，比起好事更需要留意壞消息，因此把不安、恐懼看得非常重要，在腦子裡擴大解讀，很容易全盤否定自己，認為自己討人厭、很沒用。

對於這類人，我想傳授兩招**「不隨便自我否定」**的想法。

第一招，**想著「不需要當個完美的人」，凡事看開一些**。養成習慣，把「冷嘲熱諷」當作是「針對某一個部分的一項批評」。比方說，即使別人說了像是「你真沒用！」「你個性真糟糕！」這種很惡毒的話，只要當作對方只看到你的一部分，隨便脫口而出就好。無論是誰，都沒有否定別人的權利。

容易否定自我的人，對自己都很嚴苛，經常會用「有缺點＝我做得不夠好」這種扣分式的評價。因為認為自己絕對不可以有缺點，所以經常為這種要求完美的態度而感到疲憊。只要想著「人有優點也有缺點，不是很好嗎？」，無論什麼樣的自己，都是很棒的。

另一招就是**「不給自己評分（自我評價）也無所謂」**。

換句話說，不需要任何自我的否定或是肯定。

我們在面對別人時，會在有前提的狀態下給予評分，例如「因為～而喜歡這個人」、「因為～而討厭這個人」。很少會有無條件接受別人的情況。

同樣的，對自己也會在某些條件下評分，「因為～覺得自己很沒用」。在這種情況下，就算想安慰自己說，「沒這回事！明明還有這麼多優點呀！」但對於自己的評價卻出現動搖，又會陷入低潮。

其實無論好壞「都是自己」。睜大眼睛，客觀看待自己真正的面貌，擺脫「要不是這樣……」、「非那樣不可……」這些無意義的想法，徹底自由。那麼，就會愈來愈喜歡這世界上絕無僅有的自己。

最高境界的「肯定」，就是不肯定也不否定。覺得快要陷入自我否定時，就告訴自己不完美也無所謂、不需要給自己打分數。

51

討厭別人又何妨？

⇩⇩

別再當「好人」！
如何不再隨對方起舞

有沒有這種人，明明百般不願，但有人相邀一起去吃午餐時還是會回答「好」？有沒有這種人，明明百般不願，但別人把工作推過來時仍會回答「好」？

其實現實中存在不少一味克制自己的情緒，結果累積很大壓力的人。

有位女性派遣員工沉痛表示：「在辦公室裡就是不斷扼殺自我以求生存。因為這樣做才能讓事情圓滿解決。不過，通常一年就是極限，所以每過一年就得換一份工作。」「扼殺自我」是一種待人處事的方式，卻無法維持長久。

常聽到有些女性面對男友或先生總是笑咪咪，但某個時刻卻情緒暴走的狀況。

請特別留意這類為了扮演「好人」而持續忍耐的人。

「好人」到最後總會變成「隨便怎樣都好的人」。

「對這個人這樣就行了」、「反正怎樣她都說ＹＥＳ」，一旦被別人這樣認定，你就會被當作沒有意見的人，不僅遭到忽略，還被對方耍得團團轉。

也不是不能理解想要當「好人」的心情。這種人多半很善良，就算心裡覺得不愉快，也會為對方著想，在察言觀色後，無論如何都無法說出想說的話，而硬生生吞下肚。感覺到自己在忍耐時，就會在心裡責怪對方，也愈來愈討厭與人相處。

那麼，這種「好人」究竟該怎麼辦才好呢？

答案很簡單。**當你開始覺得不愉快時，就將這樣的情緒放第一。過去以「別人」的角度來決定的行為，接下來改由以「自己」的角度來決定**。「就是沒辦法這麼做才傷腦筋呀」、「要是能控制自己的情緒就好了」可能有人會這樣反駁，但也不能因為這樣就忽略自己真正的情緒。首先，要先了解這一點。在第5章會再提到「如何在不和對方衝突的情形下表達自己的想法」。

懂得重視自己的情緒，就會逐漸出現「在這個狀況下無論如何都要說NO」的心情。光是這樣就有很大的進步。

容易變成「好人」的人，不會受到別人信任，也會對自我感到懷疑。其實說NO也沒什麼大不了，只要想著「因為自己想這麼做，於是就做了」即可。

52 認同他人的優點，就能看到自己的優點

每當與對方比較而感到失落時

女性拿其他女性和自己比較的較勁行為，可說就是種「天性」。素來，女性在獲得異性的競爭市場中，會下意識與周遭比較，確認彼此優劣，日復一日重複這場私底下的戰爭。只要身為女性，無論古今中外，似乎都無法擺脫這樣的習性。從小到處比較，包括誰比較可愛、聰明、身材好、受異性歡迎、比家世、比財產，什麼都可以比，自己對於這樣的比較在心情上應該也是忽上忽下，深感忐忑不安。前一陣子有個年輕女性這麼說：

「跟公司的同期比較真辛苦。在工作上各方面都贏不了她外，男生也都只討好她。我還真想搶先她一步結婚，趕快辭掉工作！」

這不是因為旁邊的人主動去比較，而是你自己去跟旁邊的人比較的痛苦。跟其他人比較而感到失落……要戒除這種習慣，該做的事情只有一件。

那就是**稱讚對方**。你可以在內心默默讚許，但如果能大聲說出讚美的話效果更好。認同別人的優點，心情會比較輕鬆，想著「我也可以依照自己的步調，做自己能

做的事情」，用一個全新的觀點來看待。此外，也可以藉此激勵自己：「其實我也做得到嘛」，或是發現其他好處：「有個工作能力強的同事可以帶來刺激」等。不知不覺就會心想：「過去我為什麼會那麼固執呢？」

話說回來，**人們動不動就想和其他人比較，從一開始就註定是場「贏不了的戰爭」**。「敵人」當然都很強大，因為我們通常都是拿「自己沒有的東西」去跟「對方擁有的東西」比較。但從另一個層面來看，明明自己擁有的也很多，卻看不見。換句話說，這就是「外國的月亮比較圓」的心態。

無法對別人的成功或幸福感到高興的人，需留意不要掉入「比較的陷阱」。因為和別人比較，會讓自己陷入不幸。不如抱持自信，大方地稱讚別人「恭喜！真是太好了！」脫離比較的陷阱，心情會好很多。

如果真要比較的話，就要產生對自己有幫助的結果，像是「我也想成為那樣」或是「自己跟她有哪裡不同呢？」

比較不是為了讓自己失落，而是要讓自己進步。

53 胡思亂想會傷害自己

如何不陷入胡思亂想來折磨自己

「女人的第六感很準。」這句話有時候對，有時也未必正確。對與錯取決於一個條件，那就是**「是否認清了真正的現實」**。

基本上，女性的觀察力敏銳，想像力也豐富，面對伴侶不忠時，能夠看穿那股不對勁的感覺。進一步從對方的言行舉止或其他證據來查出事實。

然而，事實上也有一些女性會認為：「欸，那是胡思亂想吧？」

比方說，假設在辦公室裡，我覺得那個前輩好像很討厭我。

結果，就算回到家，或是上床睡覺時，仍不斷延伸胡思亂想的內容，「她一定是嫉妒我」、「對了，之前還發生過那件事」、「她跟○○○一定在講我的壞話」等。

一旦認為「我覺得～」之後，就會依照你所幻想的故事發展，只選擇性地收集了相關的資訊。至於像是「對方表現出冷淡的態度，可能只是剛好在趕時間」、「或許天生個性冷漠」之類另一個面向的資訊，則一概忽略。

完成「傷害自己的人＝壞人＝敵人」的架構之後，就把對方當作敵人。這種行為會讓自己的心情起起伏伏，而這種「白操心」就是最愚蠢的事。

「該不會……」然後就想像一些不好的狀況，這種經驗每個人多少都有過吧。遇到這樣的狀況，請對自己說這兩句話。

1「多想也沒用。」

無論怎麼想，事情都不會有所改變。思考那些沒必要的事情只是浪費時間。「該不會……」的胡思亂想會把自己傷得體無完膚。首先，先告訴自己「多想無益」來停止胡思亂想。

2「不要想像，只要面對眼前清楚的事實。」

「那個人一定覺得～」光憑藉自己的想像而行動，會讓問題變得更複雜。只要對明確的事實，做出回應就好，這樣幾乎所有狀況就能簡單明瞭地解決。除非後續出現霸凌或排擠這類嚴重的問題，否則就不必再予以理會了。

客觀看待事實，然後只採取對彼此有必要的行動就好。

54 逞口舌之快前，先想想後果

⇩⇩ 覺得無法接受、嚥不下這口氣時，該說些什麼

有些人只要有話想說就無法忍住，對於主管所說的事情無法接受，一定要反駁不可，或是面對同事、家人、伴侶，只要有看不順眼的地方就不能當沒這回事，忍不住出口責備。

過去我有個這種類型的部屬。每次指出她的問題，她就要跟我吵起來，她老是說：「我已經很認真做了！」「對於不合理的要求我不想服從！」總是我講東，她做西。一旦她變得情緒化，即使對她說之以理，現場的氣氛也會搞得很僵。現在回想起來，她的確在工作上很努力，如果當時我多在這方面認同她，事情或許能夠處理得圓滿一些。

能夠坦誠說出想法，是一件好事。從大多數人想說也不敢說的態度來看，甚至值得讚揚。不過，如果只是逞一時的口舌之快，常在事後感到後悔，或是遭到對方進一步攻擊，讓事態變得更棘手的話，這種習慣就要改一改了。

這種人多半都沒想到話說出口的「後果」。

滿腦子想到的只有自己不能將這股不舒服的感覺悶在心裡，覺得不說出來就輸啦，一心一意只想著要戰勝對方。在內心深處大喊著要對方了解、改善，莽撞地丟出「不愉快的球」。

當自己把全副精神放在必須將不滿與不安一吐而快時，千萬也要運用想像力，想像一下別人在接了這顆「不愉快的球」時有什麼樣的感覺。

有這類傾向的人，在生氣時請先問自己：**「這些話有必要講嗎？」**首先，覺得不說出來就無法嚥下這口氣時，就先暫時離開現場，去喝杯茶也好。就算心裡想到什麼，也不要立刻脫口而出。然後，仔細想想有沒有必要講出來。如果可能改變「結果」，就在表達方式上多花點工夫，思考看看該怎麼講可以獲得想要的結果，方法會在第5章會說明。

此外，**請「自行處理」心中那股悶氣**。可以把生氣的事寫在紙上，然後把紙撕成碎片，或是跟值得信任的人抱怨，但是也要顧慮對方的心情，不要一味傳遞負能量。其實幾乎所有的解決方式都是把注意力轉移到自己喜歡的事情上，沒多久就會忘了。甚至有時候回想起來，還會覺得之前對勝負有什麼好執著。輸贏都是自己創造出來的。

千萬別糾結與別人之間的小爭執，而講出一些不必要的話。

55 不要硬灌輸自己主觀的想法給對方

⇩⇩

改變常被固定想法束縛住的方法

「既然是主管，就該負起責任行動」、「身為男人，至少年薪該要有〇〇萬吧」、「為了薪水，就算用爬的也該來上班」……

若你太執著於事情「應該要這樣做」，會讓身邊的人漸漸遠離你。

將自己個人的主觀原則或理想，硬灌輸在其他人的身上，會讓對方很困擾。人這種生物，最討厭的就是被迫接受他人的價值觀。

覺得凡事「應該要這樣做」的人，乍看之下秉持的似乎都是正當的常識或道理，以用來強調自己的意見。

例如，一名前輩斥責女性後進時說：「這件事，正常人會怎麼想？一般來說不是應該這樣做嗎？」話講到這裡，就沒有討論的餘地了。這位後進或許有無法照做的苦衷，但這下子可能被當作不肯好好聽話的人。姑且不論前輩說的內容正不正確，當她搬出來「應該要這樣做」的這套說法時，就會招來反感。

人之所以把常識或大道理搬到檯面上，是因為「大家都這麼認為」，多數就代表真理。這種把大多數人拉到跟自己同一國的論調，其實很狡詐。因為已經知道「少數必須服從多數」，所以特別令人討厭。

話雖如此，其實每個人或多或少都有這種「應該要這樣做」的想法吧。若是這種想法太強烈的話，只是苦了自己，會累積很大的壓力。

前陣子有個女孩子對我感嘆，「我對於該好好工作這件事實在太在乎了，結果老是加班到半夜。明明我只是個約聘人員，為什麼是全公司工作最辛苦的人呢？」

因為「想法」與「情緒」背離，就會過分勉強自己。

如果你也有「應該要這樣做」的想法，**首先，試著別再對自己或別人說「該～」、「非得～」這種話了。**

可以用「～會比較好」這種說法來代替。

例如，用「寫封感謝函會比較好」來取代「該寫一封謝函」；用「存點錢會比較好」來取代「大人就該存點錢」，在與人應對時不要那麼莽撞，想法就會多點彈性，甚至也可以說「這件事不用勉強也無妨」、「或許還有其他方法」。

坦白說，人生中幾乎沒什麼是「應該要這樣做」的事情。而且，每個人都有選擇該怎麼做的自由。

56 重修舊好的勇氣

⇩⇩ **主動做些事來消除尷尬的氣氛**

一氣之下吵了起來，或是說了難聽的話，發現有人講自己壞話……雖然想修復彼此之間尷尬的關係，但有時候就是不想道歉，或是找不到好時機。

如果，你也遇到類似的狀況，趕緊主動出擊吧。

想要趕快卸下心中的大石頭的話，讓尷尬的氣氛拖得太久真的很划不來。別老糾結於「明明就是她不好啊」的想法，放掉這種無聊自尊心吧。想要找回內心的平靜，將改善人際關係放在最優先，才是聰明的作法。可以嘗試下列**【當關係變得尷尬時重修舊好的步驟】**。

1 保持平常心，表現出「我不在意唷」。

雖然只是有些尷尬，但要是一直維持連對對方視之不見的態度，關係會愈來愈糟糕。不要展現出厭惡的情緒，以平常心打招呼，有必要時仍保持聯絡，展現出想重修舊好的意願，有時候的確可以前嫌盡棄，恩怨就此一筆勾銷。如果對方是比較愛面子的個性，建議可以在大庭廣眾下主動攀談，因為這樣對方比較不好意思擺出厭惡的態度或忽視你。

2 誠心說出「讓你心情不好真抱歉」打破僵局。

不說責備對方的話，而是先說「上次真是對不起」、「我說得太過分了」、「我們和好了吧」這類主動示好的話語，還挺有效的。相信對方也會坦率表示「其實我也有錯」，這麼一來雙方能夠有建設性交談的機率就很大。若是彼此有誤會，或是互不相讓時，可以詳談到雙方都能接受的情況，讓彼此覺得「把話說開真好」，就能和解。

不方便當面交談時，用電子郵件或電話也有效，但不容易表達自己的心情，也比較難看到對方的反應。直接面對面是可以最快解決歧見的方式，心情也暢快一些。

3 遭到拒絕的話，就讓時間來解決一切。

如果你已經道歉，對方仍然拒絕，就是他的問題了。那麼，就暫時擱置，等情況穩定下來再說。隨時保持開放的心，當對方態度逐漸軟化時，以「今天好熱耶」的日常問候切入，在談話中不著痕跡透露出「想跟你和好」的意願。如果對方仍然固執不肯接受，就不要再理會了。若是在工作或生活上不會造成多大妨礙，就無須太介意，保持一定距離相處就行了。

克服怕生的方法

57 怕生不是因為個性，而是沒有鍛鍊溝通能力

其實我以前非常怕生，每到新的工作環境，或是進入一個休閒社團，還是參加交流會，總會有點像是局外人，老是等著其他人主動來跟我交談。不過，小孩子也就算了，如果大人還怕生，感覺還真有點窩囊。當我發現「怕生」其實只是缺乏磨練能力的藉口後，就做了一些努力。加上之後經常換工作，以及在國內外一個人出遊的機會變多，想跟當地人聊天而主動攀談，自己也有了一些轉變。現在，我就算在電梯裡遇到陌生人也能和對方聊上幾句。

溝通能力和外語、樂器一樣，都可以用訓練來克服。以下是**【克服怕生的方法】**。

1 第一步是打招呼和說「謝謝」。

怕生的人，講得誇張一點就是把人都當作「敵人」，感到害怕。不想遭到拒絕的心情也很強烈。不過，打招呼的話幾乎所有人聽到都會回應。如果對方的反應友好，還可以多講幾句，像是「今天天氣真好耶」，在辦公室則可以說：「你昨天很晚才下

班嗎？」之類，加入各種內容。「謝謝」是所有人都會欣然接受的一句話，也可以視情況如實表達。此外，找出看起來好聊、能聊的人，也是一種方法。

2 對對方抱著興趣來提問。

怕生的人，通常會把重點放在自己身上，一直想著：「別人會覺得我怎麼樣？」其實可以試著把興趣放在對方身上來提問，像是「那個人是什麼樣的人？」「她喜歡些什麼？」「她出身哪裡？」也可以在提問時一併說明自己的狀況，「我是～，〇〇〇你呢？」讓對方可以了解自己。

3 找到共同的話題、共同之處。

邊問邊說時可以找到一些共同點，比方說「我也有養貓」，或是發現共同的話題「那齣電視劇我每星期也會按時收看！」。尤其，女性常因為有共同點而一下子就拉近了彼此的距離，也可以增加話題。

4 乾脆想著「就算討人厭也無妨」。

最重要的是「放輕鬆」。「用最自然的態度去面對，要是討人厭也沒辦法」這種想法來相處，說起話來就會很輕鬆。幾乎所有人都會很爽快回應，你會覺得世界上每個人都站在自己這一邊。就算有人拒絕，只要想著那是「對方的問題」就好。

即使失敗，天也不會塌下來，不用想得太嚴重，以快樂的心情不斷嘗試就對了。

58 高敏感族要建立剛剛好的人際界線

⇩⇩ 給容易因為小事情而敏感動搖的人

「我很容易因為別人的責備而感到受傷」、「我動不動就灰心喪志」，這種退縮的人其實比想像中得多。因為一點小事情而情緒波動，在眾人面前容易緊張，面對不熟悉的人會提心吊膽，跟其他人碰面後會感到精疲力竭……這種感受比一般人強烈的人，在心理學用語中稱為「高敏感族」，簡稱HSP（Highly Sensitive Person）。但這不是疾病，而是一種心理傾向。

據說人類有兩成屬於高敏感族，但以實際感受來說，日本人占的比例似乎更高。對那些不那麼敏感的多數派來說，總認為高敏感族的心理素質太弱，但高敏感的人會受傷也是無可奈何。

對於情緒相當敏感的人，可以嘗試養成以下的思考習慣：

1「勿將別人或發生的事情和自己做連結」。感受強烈的人，當別人不高興，或是遭受強烈的批評時，很容易疑神疑鬼，覺得所有的錯全都跟自己有關，「是不是我做了什麼？」「我說了什麼不該說的話嗎？」。不過，這樣想已經超出了「自己的世界」，涉入了「別人的世界」。發現自己又要陷入想太多的泥沼時，快把這個念頭趕出腦袋，「這不是我該煩惱的事」，趕緊回到自己的世界。反覆多次後，對於其他人的行為，就不再容易那麼受影響了。

2想想「其他人並沒有這麼在乎自己」就會輕鬆很多。告訴自己，無論穿什麼衣服、說了什麼話、做了什麼失態的事情，其實會在乎這些事的只有自己而已。

3以自己的步調，在自己覺得適當的距離下和別人互動。不要想著必須跟所有人保持好交情、得配合別人才行，跟覺得不好相處的人，保持適當距離來往就行了。這個世界上有些人跟你合得來，也有些人合不來。珍惜那些能夠真心相待的人，若受到其他人的批評也不用太在意。

感受強烈的人，也具有體貼別人心情的能力。此外，不僅是負面的事物，其他像是喜悅、高興、感動，在掌握這些情緒時的能力也比一般人來得高。能夠正向使用這能力，在人際關係上也可以成為利器。

即使不堅強，個性溫和、柔弱，也能存活下去。接受最原本的自己，不再責備自我，光是做到這一點就能輕鬆許多。

59

優柔寡斷源於無法改變自我的「定型心態」

⇩⇩ **消除「優柔寡斷」的基本習慣**

《心態致勝：全新成功心理學》（*Mindset: The New Psychology of Success*）的作者，心理學家卡蘿．杜維克（Carol S. Dweck），花了二十年的時間研究，發現**人分成「定型心態」與「成長心態」**。

所謂「定型心態」，就是認為能力與天賦有限，即使努力也無法獲得；相對地，「成長心態」的人認為，能力是可以靠努力獲得的。

當我讀到這些內容時，才恍然大悟，原來**女性最討厭的「優柔寡斷」，不就是來自「定型心態」嗎！**例如，喜歡跟別人比較，或是嫉妒別人的成功，在意別人的眼光，患得患失，都是因為無法自己選擇人生的「定型心態」所致。

當然，女性中也有「成長心態」的人。這類人相信，只要提升自我，就能連帶提高其他人的評價，邁向期待的未來，因此不需要這些優柔寡斷的行為，認為自己是自己，別人是別人，不會把別人當作敵人。

幸好，「定型心態」與「成長心態」都是藉由努力可以改變的。

如果你是「定型心態」的人，這裡傳授你轉變為「成長心態」最重要的方法。

那就是**「做自己想做的事」**。

為此，要天天自問「真正想做的是什麼？」，即使再細微的事開始做起也無所謂。包括像是想吃什麼，想去哪裡，想跟哪些人相處，假日想怎麼過，總之，做出能夠滿足自己的選擇。**努力讓自己過得幸福，把重點放在自己內心真正的想法後，別人的眼光就變得一點都不重要了。**

遭到別人批評時，只要接受對自己有幫助的建議；遇到困境，就當作之後成長的養分。

定型心態的人在根本上會希望自己看起來像不會被擊垮的勇者，因此會刻意避開危險的挑戰。一旦不順利就會馬上放棄，能力也很快到達極限。

只要能相信自己，就不會再受到自己或別人的指責。

60 世界不是非黑即白，還有灰色地帶

⇩⇩

無論任何狀況下都表達肯定的魔力話語

前面提到「定型心態」的人，隨時都以周遭的評價為標準，很容易追求像是失敗或成功、人生勝利組或失敗組、敵人或同伴等世俗所認定的「正確答案」。

在心理學上，女性比男性更傾向黑白分明。

的確，在愛情中不斷要求對方作出決定，比方說：「你喜歡我嗎？還是不喜歡？」「要繼續交往嗎？還是要分手？講清楚啊」，想要知道這些答案的，往往是女性。

在不穩定、模糊不清的狀態下，情緒就無法定下來。因此，無論結果是好或壞，人們為了能夠穩定前進，就算變得具攻擊性或是太心急，也想設法找出答案。

這種二分法的思考方式，在人際關係上或其他各方面都會讓人吃大虧。

其實過去我也是這樣。跑業務時要是對方稍微挑剔我，立刻就想跟這人一刀兩斷，便心想：「這個人真討厭，我再也不去跟他談生意了！」一旦看對方哪裡不順眼，就全盤否定，把這個人當作可恨的敵人。

不過，業務夥伴之中也有另一類女性，無論對方對她多沒禮貌，她仍然一副若無

其事，繼續一次又一次去跟對方談生意。這位女性經常這麼說：

「人家是說我有些地方不好，又不是全部都很糟。把不好的地方改掉就行啦。」

面對任何狀況，她都只當作其中一部分被否定，其他的都視為肯定。能夠接受灰色地帶的人，很明顯就能無往不利。可以從中學習，自然而然事態也會好轉。人際關係當然也能維持下去。

我常會用具有魔力的話，來幫助自己接受灰色地帶。就是下面兩句話：

1 無論什麼狀況下，都認為「這樣很好」。

就像《天才笨蛋阿松》（日本知名搞笑漫畫，故事描述松野家六胞胎的日常生活，也曾改編成動畫）裡的爸爸一樣，無論結果如何都覺得「這樣很好」，面對人際關係上的糾紛也認為「那樣也好」。這麼一來，會發現背後隱藏了許多好處及學問。

2 把「不可能」的事情當作「有可能」。

一旦對否定某事的人表示肯定語氣的「有可能」，就會覺得每個人都有各自的苦衷、狀況。接下來也能有建設性的想法，「那麼，該怎麼做才好？」用這樣的思考方式，不去期待對方，而是對自己有期待。最重要的是，能夠接受灰色地帶，就能一舉從否定自我的狀態中解脫。無論什麼樣的自己，都請認同「這樣很好」。

第5章

成熟大人的說話藝術

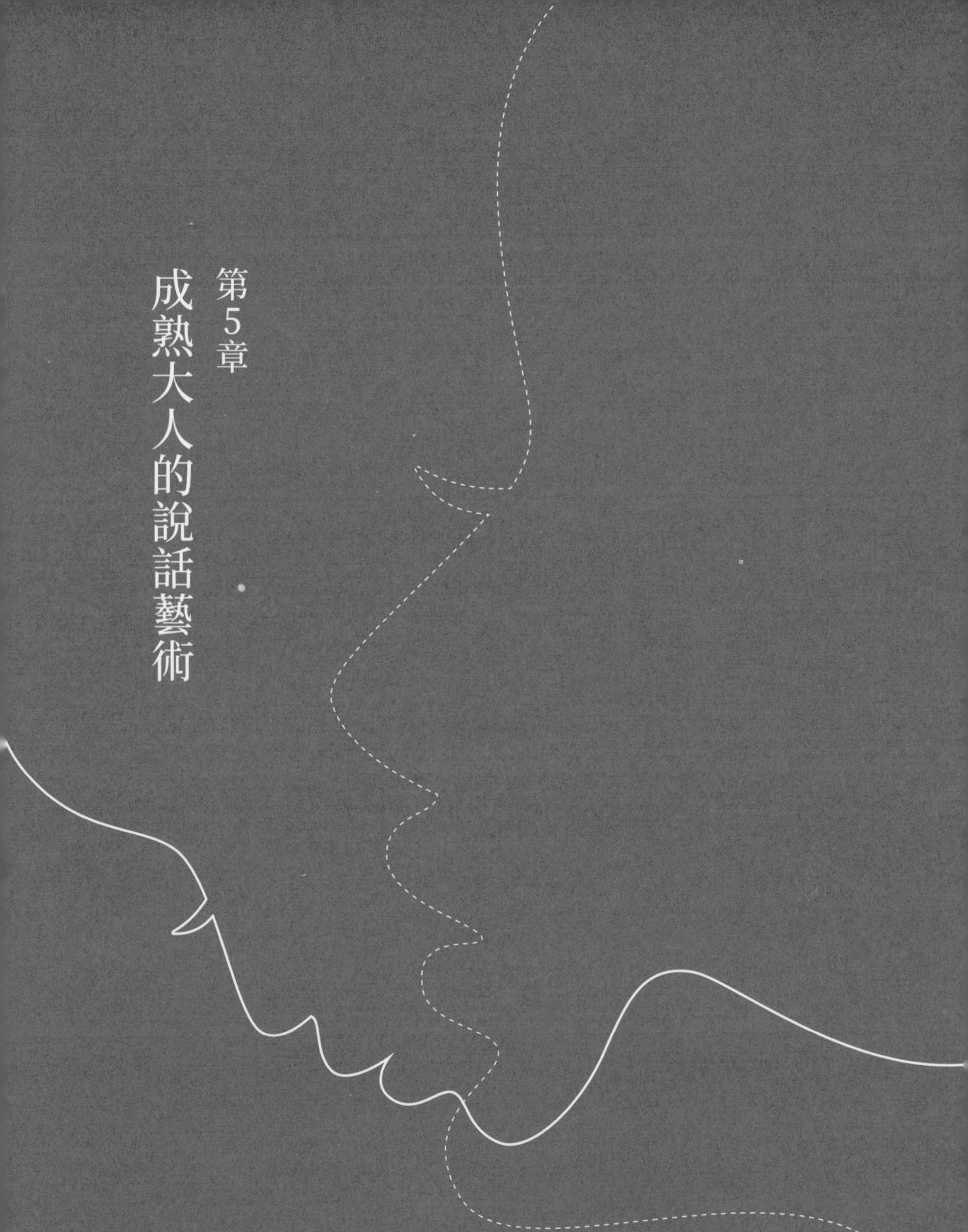

61 你不說，當然就沒有人懂

⇩⇩

在意見不合時該採取的基本因應方法

人與人只要有互動，一定會遇到不得不說出自己意見的狀況。

比方說，主管提出不合理的要求，但你認為「這種事情持續下去，無論對公司、對自己都不好」的話，該怎麼做？

1 「反正講了也沒用吧。」選擇服從對方。

2 「這樣做不行！」斷然拒絕。

3 先問對方為什麼要這麼做，同時表達自己的意見。

我猜選1的人應該很多吧。先想著「即使說了也沒用」、「說了會把氣氛弄僵」，即使有想說的話也說不出口。認為自己聽話照做就沒事了，之後更變得對對方百依百順，逐漸失去了自己的原則。

其實要是說出來，對方可能會說「你怎麼不早點告訴我！」而願意重新考量。就算對方不肯接受，但在你表達想法之後，情況或許也會有些改變。**千萬別把自己的心情放在不重要的順位上。**

將想說的話一吐為快的作法2，在對方得寸進尺時的狀況下的確適用。不過，光是說出自己的意見，或是只提出批評的人，也容易和對方產生衝突，或是讓自己被排擠。1、2都是「輸或贏」的想法。這麼一來很可能導致你死我活，進一步也會毀了人際關係。

採取「不與人衝突的人際關係」的解決方案基本上就是3。「你（組織）有你的想法，我有我的想法。那麼，該怎麼做才好呢？」在這裡要找到折衷點。不僅光從對方的角度，或是自己的角度來看，而是要從雙方的角度來思考解決方案。

在這一章中，我將會提到「在不引起衝突下表達自己的想法」的訣竅。意見不合時，就互相討論。只要不要忘記這一點，就能放鬆心情和其他人互動。

不僅能大大舒緩壓力，也會減少人際關係中的摩擦。

更重要的是，在獲得其他人的協助下，可以做自己想做的事，實現想達到的目標，走自己的路。

說出自己的意見並不是衝突。這是在與別人妥協下，同時保有自己的原則，不僅尊重自己也尊重對方。

62 說出真心話時保持開朗、輕鬆的態度，不強迫對方接受

⇩⇩ 想暢所欲言時的三種訣竅

明確說出想說的話的人會讓人覺得很放心。無論身邊的人怎麼想，都能表達「這太沒道理了吧？」、「我認為是～」等自己意見的人，表裡如一，值得信任。辦公室裡如果有這樣的人，就會營造出真誠的氣氛。找這種人商量事情，對方也會真心回答，非常難能可貴。

坦誠表達自己的心情，在自我重視與人際關係上也很重要。

不過，若只是說出想說的話，有時候不免令人覺得太過任性。

想像一下在你身邊，那種就算說了真心話也沒人討厭，反倒令人信任、喜愛的人是什麼樣子。這種人應該不會招來別人的厭惡，或是成為過街老鼠。正因為這類人心情輕鬆（或者說遊刃有餘），無所畏懼，即使偶爾冒出辛辣的真心話，身邊的人也能夠接受。落實下列三種**【暢所欲言時的訣竅】**，應該就能逐漸以真心話和別人交流了。

1 真心話要爽快開朗地說。

當一個人說了真心話之後，對方仍感受到善意，這是因為他是以開朗的心情說出口的。若在沉重的狀況下不得不說出心裡話，會讓氣氛變得凝重且難受。在表達難以啟齒的真心話時，重要的是展現出比想像中更輕描淡寫的態度。在開朗、柔和的語氣下說出來，心中也不會有壓迫感。

2 別強迫對方接受自己的心情。

說真心話的人，不會想把自己的心情強逼任何人接受，他們只想著「無論對方接不接受，都不是我能控制的」，因此不會患得患失。當然也不會因為和對方意見不合就發生衝突，或是忍不住對人說教，更不會傷害人。體貼地站在對方的立場來思考，就能讓人安心。

3 即使說出真心話也不留下疙瘩。

「說了這件事之後會怎麼樣？」一旦想太多，想講的話就說不出口，即使說了也覺得煩惱。說真心話的人，正因為認為「說實話也沒關係」，很多時候事情說完就當場忘了。

說出真心話之後，人際關係上的壓力會大幅減輕。即使無法立刻成為說真心話的人，也請從小地方開始，一點一點慢慢學會表明自己的心情。

63

對事不對人，把不同意見和個性分開來思考

⇩⇩ 如何不將意見相左的對象當作「敵人」

認為「一旦彼此的意見相左，就會使人際關係變差」的人其實很多。這類不擅長表達自己的想法，或是覺得不強調自己就輸了的人總認為「意見不同＝敵人」，太過於自我防衛。容易與人起爭執的女性領導者，也有不少是屬於這種類型。然而，只是因為意見不同就導致人際關係惡化，實在划不來。

不過，某些女性卻可以明確說出自己的意見，但也能妥善應對意見不同的對象。仔細想想她們之間有哪裡不同呢？就會發現她們會好好利用女性獨有的「開朗」、「寬容」以及「謙遜」等特質。

「能妥善解決問題」是她們最優先的考量。

這一類女性認為輸贏其實無所謂、自己不是第一也無妨，並不排斥在背後支持大家，或是襯托大家。

女性普遍不愛衝突，可以為了大家默默付出，看到別人成功時感到欣慰、滿足，擁有寬容的一面。

這類女性能清楚表達意見，甚至不會一直強調自我，是因為她們把**重點放在「是否能解決問題」，而不在「是否能獲得別人的好評」**。因此，能夠認知現實並彈性因應，而在考量對方的個性與立場後才發言。奇妙的是，這類人總是備受讚賞與重視。

如果你認為與別人意見不合時還是覺得不舒服，那麼，請對自己說：

「這不是『人』的問題，是『事』的問題。」

只是意見不同就否定對方的一切，這太可惜了。或許對方在其他地方也能成為助力。要把「個性」跟「問題」分開考量。重點在於不要把問題搞大，別讓事態變得複雜，只要先解決眼前的問題就好。有時候維持意見不同也無妨，必要的時候在商議時「單純抽離這一點」就可以。

在解決問題的溝通上，「誰最正確」並不重要。**真正的敵人是「自己心中的敵意」。懷有敵意，只會拖延解決問題的時間。**

64 「可是」、「但是」、「反正」，這些話不要說出口

⇩⇩ 心平氣和聽取不同意見時的要點

與人討論時，基本上可依序下列三個步驟：

「聆聽對方的話」↓「說出自己的意見」↓「解決問題」。

換句話說，討論時「先聽對方的話」是不變的原則。如果願意敞開心房聆聽對方，對方也會願意聽自己的話。

即使聆聽對方很重要，但要是對方說了自己無法接受的內容，或是單方面強調自我主張，聽到後來也會感到不耐煩吧。因此，這裡提供**【心平氣和聽取不同意見時的要點】**，共有四點：

1 不評斷對方↓把重點放在說了「什麼」，而不是「誰」說。

人在面對喜歡的人、尊敬的人時，都能專心聆聽；但若是不太喜歡的人，或是年紀小的人說的話，我們會想去批評。「反正這個人很任性」、「跟這個人怎麼講也沒用啦」，不要像這樣任意評斷對方，而是去確認對方腦子裡的想法。

2 尊重對方的「狀況」與「立場」↓表示理解「原來他的想法是這樣」。

例如，自己認為很好的A方案，對方卻說B比較好的時候，對方一定有認為B比較好的原因。如果能反問：「為什麼B比較好呢？」應該就能了解背後的各種狀況，以及對方秉持的立場。就算無法接受，但也能展現理解對方的狀況及立場。

3 不要中斷談話↓忍住「可是」、「但是」、「反正」這類用詞。

當自己的想法遭到批評時，會令人忍不住反駁「可是……」，或者想以「但是……」來當作藉口，甚至會自暴自棄說出「反正……」等詞句。不過，用這三個語詞來反擊，會與對方產生爭執。因此，要先冷靜地聽對方說完。

4 同意彼此的共同點↓積極認同意見相同的地方「我了解」、「我也一樣」。

與其執著在彼此的相異處，不如找到共同點與相似點，積極表達贊同。例如，當你認為這個人也很認真思考時，就會保持寬容的態度來接受對方。甚至如果對方有不同的理論、相反的想法，也會認為很寶貴。正因為有不同意見的人，才能讓我們用不同的眼光看世界，也讓我們成長。藉由仔細聆聽對方的話，就能釐清我們在這一點上的意見究竟有何不同。不要全盤否定，只要提出部分的差異，對方也應該比較容易接受。

65 坦承直言未必都是好事

⇩⇩ 如何提出比較不容易遭到攻擊的意見

雖說「坦承很重要」，但一五一十說出腦中的想法未必是好事。為了解決問題，並讓對方接受，也要想像對方腦中的想法，同時慎選用詞，先想該用什麼方式說，對方才能理解、接受。有時候對方的反應會因為不同的說法而改變。如果能遵守下列**【說明自身意見時的原則】**，在表達意見時就不會太緊張。

1 以「我～」來發表意見。

比方說，工作上希望對方改變工作方式。如果以「你」為主詞，說出你的做事方法不太對的意見，聽起來似乎有責備對方的感覺。最好用「我」當主詞，改用「我認為這樣的作法比較好」的說法。此外，像是「我們應該有更快處理的方法」的說法，用「我們」當作主詞，就能產生一起思考的認同感。

2 說出想法之後，立刻提出根據。

表達自己的意見之後，接著提出證據，像是可以說「因為用這個方式的話，可以省下一半的時間」。為了不讓對方反駁，記得事先收集讓對方能接受的事實很重要。

3 說出想法之後提問。

適度詢問對方或身邊的人，「我認為……，但○○○你覺得怎麼樣？」在表達意見的同時也展現願意聆聽的態度，就不會讓對方有意見衝突的感覺，而形成溝通的氣氛。

4 先說反駁的意見。

提出意見前，先預測對方無法接受的理由和可能反駁的點。搶先一步說出「或許你認為～，但其實～」就能避免對方質疑。尤其是害怕面對別人反駁的人，更建議這種作法。年紀輕的人面對年長者可用「或許您會覺得我不成氣候，但是～」；提出少數人的意見時，則可運用「大多數的人可能認為～但我覺得～」等。

5 表達出與對方有共鳴的地方。

找到「希望工作上合作愉快」、「盡量能滿足顧客」這些雙方都認知的「共同點」，以及「相同的目的」，並主動配合。相信對方也會有同樣的想法。然後就能進行溝通，找到折衷的地方。

表達意見不是為了要衝突，而是要解決問題。因此，盡量保持大方的態度。

66 想解決問題就要引導出共同的結論

⇩⇩ 讓雙方都能接受的交涉術

有時候會出現彼此只是主張各自的意見，但之後就沒有進展的狀況。確認過共同的目的與彼此的相異之處後，就得盡快解決問題。若是延宕太久，對於工作或人際關係都會造成妨礙。話雖如此，也不要在焦躁時驟下結論，而要以「圓滿解決問題」為優先。

這套**「讓雙方都能接受的交涉術」**，從夫妻問題到國際紛爭都能運用。主要的步驟是：

1 先提出解決的想法，「～的方法，你認為怎麼樣？」
2 請對方針對提案說出意見後，再提出替代方案。
3 表達自己的意見，「那麼，這個方法呢？」再提出另一個替代方案。

雙方在反覆表達自己的想法後，也請對方提出意見。過程中，想法會逐漸接近，最後找到能達成共識的方案。如果對方並不積極，自己仍能持續提出想法溝通。

比方說，假設兩人在爭奪同一份工作。

「如果輪流執行的話，你覺得怎麼樣？」→「不過，我還是想用我製作的資料……」

「那麼，就由你來主導，我從旁協助。」→「這樣的話ＯＫ。」

大致就像這樣。在交涉的過程中，也會逐漸了解對方「能對哪些條件讓步」、「可以讓步到什麼程度」。採納雙方的意見就是「彼此都一點一點讓步的妥協案」，或是「融合雙方『好處』的折衷案」。

交涉時若只想著自己占盡優勢，就永遠無法解決。最好是就算彼此都有點損失，但仍有一些好處。

若能展現「我也有為你著想哦」的態度，就可以緩和對方想要單方面灌輸個人想法的強勢氣氛。有些時候擺出寬大的氣度，「我稍微吃一點虧」可以讓事情迅速圓滿落幕，這份人情或許在日後也會獲得回報。以「吃虧就是占便宜」的精神，將重點放在確認彼此共同的目的，引導出共同的結論，就不會把問題搞得複雜，人際關係變得扭曲。

總之，彼此意見衝突時，千萬別放棄互相討論。

67 和人溝通的重點是：「別把自己想得太重要」

⇩⇩ 不再有「無法表達想法」的狀況

據說在工作溝通上最令人煩惱的是「無法好好表達想法」。具體的理由有很多，像是「不擅長與主管或同事互動」、「不想遭受否定」、「不懂得表達自我」、「沒弄清楚想法」等等。

這些狀況乍看之下似乎都是以對方為優先考量，其實最在意的是「別人怎麼看『自己』」。

既然這樣，不如換個觀點，把重點放在「希望讓『對方』了解我」。

例如，朝會致詞時，一想到別人會不會覺得我很怪，就緊張到說不出話來。但如果把重點放在該如何讓對方更了解這些內容，就會忘記緊張，專心整理出對方能理解的內容架構，慎選用詞等等。在表達不同意見時也一樣。內心一直想著得表達出自己想說的話不可，在心急之下，連話都說不出口。不過，若是換個觀點，我是為了想讓對方了解而全心全意投入，就像有一股力量驅使自己，說出來的話也帶有說服力。

和別人圓滿溝通的訣竅，就是「不要把自己想得太重要」。

不以別人怎麼看我，而改以希望別人能了解的觀點，光是這樣就能一舉消除無法好好表達的煩惱。**就此產生出打動對方的話語，以及讓對方說出ＹＥＳ**。

首先，決定好要表達的內容後，說出這句**「希望你能了解這一點」**，對方就會問「為什麼？」、「該怎麼做？」，對話就可以延續下去。

若內容難以啟齒時，**用一些具有緩衝效果的語詞會比想像中更有效果**，類似「有些話很難說出口」、「這麼說你可能會不太高興」，讓對方可以先做好心理準備，好好聽你接下來要說的話。

「想向對方說卻說不出口的話」通常都是重要，而且必須說的事情。

因為擔心別人的感受，而不好意思表達內心真實想法的人，自然不會惹人討厭，但同時也很難與對方建立起交心的信任感。為了自己，為了對方，就算是微不足道的意見，也要嘗試慢慢說出口。

68 簡單表達最能直達對方的心

⇩⇩ 別讓對方說「搞不懂你到底想說什麼」

「呃，所以，你到底想說什麼？」相信幾乎所有女性都會聽過這句話。多數女性都很擅長為了套交情而聊天，卻不擅於在腦中先整理歸納、有條理地表達。一不小心就在言談中加入過多的資訊。

為了不讓對方說搞不懂你到底想說什麼，基本上談話要秉持簡短、易懂的重點。並不是東拉西扯、丟出一堆訊息就能讓對方聽懂，反過來說，簡短講重點對方才能容易理解，直達內心。

此外，**最重要的一點是，表達的主軸不是自己想講的事，而是對方想聽的事**。其實只要站在對方的立場，要了解這一點比想像中還容易。

比方說，眼看聚會要遲到時，你和對方說：「臨時冒出來需要處理的工作，無論如何都得在今天完成，又沒有其他人可以拜託……」內容講了一大堆，對方聽得也不耐煩：「所以，到底是怎樣？」對方想知道的是「你要來嗎？」、「要來的話會遲到多久？」這些事情。因此，只要說「我會遲到一個小時左右。因為臨時有工作要處理，晚點再過去」這樣就好。其他資訊對對方來說沒那麼重要。

另一方面，女性其實經常也沒弄清楚自己到底想表達什麼事。如果沒先在自己的腦中整理好的話，當然也沒辦法傳達給對方。

例如，談到企畫案，「一開始覺得A方案很好，但要花太多時間，後來討論出B方案也不錯，不過這個方案也有成本上的問題，於是……」像這樣從時間序列講下來，始終看不到結論。

「先講結論，決定採取B方案。因為～」要像這樣，依照**「結論（或是對方最想知道的事情）↓原因↓補充說明」的順序來說，就會有條理。**

當思緒還沒歸納好時，在說話前可以先用條列的方式來整理。養成習慣，篩選出重點再表達，腦中那些亂七八糟的資訊就會經過整理，想法也隨之變得單純。

「簡短、易懂」以及「先說結論」，光是留意這兩點，保證就能讓身邊的人認為你是辦事能力很強的人。

69 把重點放在感情而非言語

⇩⇩ 如何察覺對方的心情

雖然有很多不擅長溝通的人，但也有一些人精於此道。「面對再討厭的人也能交談」、「在展現自我的同時也能妥善應對」。這些人並非天資聰穎，而是從工作與生活的經驗中培養了察覺對方心情的能力，進而建立了讓人感覺舒適的對話與人際關係。

尤其很多人是在從事業務或服務業的工作中培養這種能力，不過擔任行政工作的人，同樣也可以把同事、朋友、家人、意見不同的人當作自己的「客戶」，來培養察覺力，互動的方式也會改變。不妨就把自己人生中往來的人視為「重要的客戶」來好好對待。

在**【如何察覺對方的心情】**上，隨時提醒自己下列兩點：

1 站在對方的立場考量。

這聽來理所當然，但不提醒自己就很容易忘記。試著思考如果站在對方的立場，該怎麼做。例如，說出真心話時有人會一笑置之，也有人會惱羞成怒。有能同理感受你工作辛勞的人，但也有人偏執認為你的工作又沒啥了不起，根本無所謂辛不辛苦。人會因為不同個性與立場，而產生各式各樣的反應。「換成這個人的立場，會怎麼想？」讓自己養成「體貼」的習慣。無論想打造良好的關係，或坦言自己的意見，都需要先了解對方。

2 把重點放在感情上。

不僅言語，包括說話時語氣的抑揚頓挫、表情、眼神、動作、行為等非言語的資訊，都是溝通時重要的資訊。如果談話時能將重點放在「感情」上，從對方嘴裡說出來的話中，讀取到非常生氣、覺得無聊、似乎有點興趣等心情，就能了解要進一步還是退一步，不著痕跡地應對，讓對方感覺舒適，也不會在面對對方的好惡時跟著起舞。姑且先不論這個，即使為了自己的目的，先冷靜觀察對方，之後再做出判斷也很重要。

雖然我們無法完全理解別人的心情，但嘗試去了解，對方就會感受到自己受到重視，日後更能產生信任感。

70 如何面對一時語塞的囧狀態？

⇩⇩ 如何面對一氣之下語塞的情形

有個三十幾歲的朋友被一名年紀比她小的女性前輩嘲諷「你真的不適合這份工作」。一時之間她竟然不知道該回什麼。事後她才想到應該回：「我明明很努力工作呀！」、「你有什麼資格說我！」才對，結果愈想愈不甘心，氣到都哭了。

像這樣不僅是出其不意的一擊，面對的還是超越嘲諷的惡言時，當下確實會令人啞口無言。面對對方一副「我只是想到就說」那種若無其事的表情，等到回過神來了解發生什麼狀況時，已經來不及了。

因此，這裡介紹**【一氣之下語塞時該如何因應】的方法**。

1 不知如何回應時，就不要回應。

「你一言我一句」的放狠話會讓心情比較好嗎？這只會讓人際關係惡化，感到後悔。其實只要想著：「對方的惡意是他的問題，沒必要回應」，也可以像這樣視而不見就好。

2 對於突如其來的惡言，嚴正表達情緒。

不過也會遇到「可是，我討厭一直被罵卻不回嘴」、「被人瞧不起只會讓對方氣焰更囂張」的狀況。這時就坦率跟對方說：「講話不必這麼難聽吧。」不是要責備對方，只要針對她的那句「難聽話」就行了。事後再找機會打圓場，「之後也要和平相處哦」、「我希望能跟你保持友好關係」，讓對方認為「我並不是敵人」，往後的攻擊應該就會減弱。

3 無法回話的時候，之後再表達就行了。

在爭執或吵架中，無法馬上反擊無理的話時，以「現在腦袋一團亂，之後再說」先簡單回應也無妨。等到自己的心情平靜下來，再用對方容易接受的方式，像是「你可能認為～，但我覺得～」、「我要告訴你～」來表達。過了一段時間，對方也冷靜下來，說不定也會覺得自己太過分了。

朋友之中也有人聽到對方口出惡言時，先忍不住笑了出來，或是願意先保持沉默等。每個人有各自不同的因應方式，只要別讓煩躁的情緒拖太久就行了。

71 慢慢打破同調氣氛很重要

⇩⇩ 如何面對尷尬的氣氛

遇到意見不合的人並不可怕，反而難得可貴。可怕的其實是逃避討論，試圖採取相同意見的「同調壓力」氣氛。

例如，「如果不反對那個人，其他人就不跟我說話」、「明明已經下班，卻要配合其他人加班而沒辦法回家」、「若變成多數意見的話，就會形成無法反對的勢力」等。社會中到處都能看見同調的氣氛，「因為大家都覺得這樣」，因此無論是多不合理的狀況，也沒人敢說出「這簡直太莫名其妙了」的反對意見。

「協調性」與「同調壓力」兩者看來相似，但並非如此。「同調壓力」無法表現自己的想法或情緒，是被一股隱形壓力控制的狀況。在察言觀色下配合周遭的同時，就會愈來愈不清楚自己真正的想法與情緒。

【面對尷尬情緒時的因應方式】有下列兩項：

1 增進溝通，營造能表達意見的氣氛。

在由個人控制的同調氣氛中慢慢說出意見，逐漸突破不成文的規定或潛規則。例如，辦公室裡的大姐頭說：「這份工作是女性該負責」、「午餐必須大家一起吃」像這種約定俗成的默契，令人無法反抗。若是突然要一舉否定過去習慣的行為，對方也會反彈吧。首先應該增進溝通的機會，從中尋找到看似可以改善的地方，並說出意見，讓其他人了解用這個方法的話會有這樣的好處。

即使遭到否決，但原本就抱著不可為而為的心態，嘗試多次之後，說不定會有一次對方認為或許可行。就算結果不如預期，也讓其他人適應了要勇於說出意見的表達方式。這點很重要。

2 假裝無感，先做了再說。

即使周圍籠罩著一股無法準時下班回家的氣氛，也可以刻意假裝沒感覺到，試著說出一次「我先下班了！」，或嘗試像是「請長假」、「省略不必要的作業流程」等，雖然沒有前例，但也有嘗試新方法後，變得更自由的例子。刻意裝作不懂得察言觀色，單純以自己想怎麼做為準，問題會比想像中容易解決。

找到能產生共鳴的夥伴，也是一種方法。一定會有同樣想法的人。一群女性聚在一起，就能形成強大的力量。千萬別放棄。

72

「就算不說，你也會知道吧」常是誤會的起因

⇩⇩ 如何溝通才不會讓想法遭到誤解的方法

當做了自己覺得正確的事情被當作「多管閒事」，決定明快被視為「沒考慮到其他人、自私自利」，意見不合時想討論卻被認為「否定其他人的價值觀」。許多時候，我們會像這樣遭到誤解。明明沒有惡意，仍多少讓對方感覺不愉快。

所謂「誤會」，就是對方在負面理解之下，採取錯誤的看法。要解決這種現象，唯一的方法就是增加溝通的頻率。

「就算不說也知道吧。」這是誤會的起因。人際關係惡化的原因，幾乎都是「沒有交流」。因為缺乏溝通，彼此就產生了不必要的摩擦。

尤其被對方否定、遭到別人用高高在上的眼光鄙視、不被對方重視等，有很多這種被人誤解的情況。但只要把話說開，有時候就能讓對方放心，「什麼嘛，原來這跟我想的完全不一樣啊。」

【如何溝通才不會讓想法遭到誤解】，可以試試下列四個方法：

1 別忽略了隨時要「確認」對方的情緒。

談話過程中不忘隨時確認對方的情緒，「這樣好嗎？」、「你覺得如何？」發現可能有落差時，也不忘確認「～這樣可以吧？」。這麼一來，對方會感覺到你的體貼與善意，也能導正一些小誤會。

2 留意「表情」與「言語」。

容易遭到誤解的人，通常很少有笑容。不過有些人即使面無表情，說話不帶什麼情感的人，其實也是好人。光是提醒自己面帶微笑，說話謙虛有禮，應該就可帶給別人截然不同的印象。

3 避開「可是」、「但是」、「不過」等的禁忌用詞。

習慣用「可是」這種詞彙來接續別人談話的人，很容易讓對方誤解「你在否定我」。想要敘述其他意見時，可以用另一種說法，「這也有道理，不過我覺得～。怎麼樣呢？」在肯定對方的同時，也表達了自己的意見。

4 隨時表達「謝謝」、「對不起」。

接受別人的幫忙時說「謝謝」，不小心做錯事時說「對不起」。隨時把這些話掛在嘴邊，就能減少很多誤會。光是時時記得這兩句話，在與別人相處時就會謹慎體貼許多。

73 左右為難時的因應方法

⇩⇩ 減輕勞心的訣竅

長期處於左右為難的狀態下，會令人心力交瘁。當主管與部屬的三明治，當公司與客戶的三明治，當媽媽友派系之間的三明治，還有工作與家庭之間的三明治……在各個情境中都有一些話想說，或是面對有人惡言相向時，遭到對方質疑，「你到底站在哪一邊？」或一心一意想著「真想從這裡逃出去！」等情況發生。這裡介紹四個**【左右為難時的因應方法】**。

1 明確表達自己的意見，不再左右為難。

不要想著整合意見，或是巧妙在各方斡旋，只要一貫表明自己的意見就好。比方說，同事之間的意見對立，讓你左右為難。這時的重點不在人際關係，而是做好工作。裝作不在意雙方的狀態，直接表達自己認為好的意見。如果因為害怕受到批評，說出類似哪個都好這種曖昧不明的話，就會經常陷入左右為難的狀態，而成了雙方傾訴不滿的對象。讓別人認為你是個會清楚說出自己意見的人，自己在心境上就會輕鬆許多。就算讓人多少有任性的印象，但會減輕左右為難的心情，生活也能變得愉快多了。

2 在「受點傷也在所難免」的心態下做出切割。

左右為難的狀態很容易變得嚴重，絕不要認為是自己的錯。在這種情況下，會產生摩擦也在所難免，不如就切割吧。夾在主管和部屬的中間時，聽了雙方的話後，就表現出試圖解決的態度。在職場人際關係上，「展現態度」很重要。只要表現出認真聽取意見，並設法解決的態度，就有辦法克服。

3 不要八面玲瓏，而要決定「優先順序」。

如果是夾在公司與客戶之間，除了表現理解客戶的想法之外，也要傳達出以公司優先的理念。要是夾在工作與家庭之間，「工作忙的時候以工作優先」、「家人生病時以家庭優先」像這樣根據各種狀況先訂出優先順序，就不會有不必要的煩惱。

4 如果無法決定優先順序，也可以不要選邊站。

夾在媽媽友派系之間時，有時試著單純表達自己的意見，然後跟各派系保持距離也是一種方法。

左右為難會形成壓力，但也有人覺得「因為有那個人在中間當作緩衝，才讓人際關係更和諧」。就將這種開朗、和善的態度當作自己的目標吧。

74「好好拜託」的方法

⇩⇩ 如何擅於提出請託

「我很不會拜託人事情。」這種人多半都顧慮太多、太客氣。她們經常會想太多：「那個人看起來很忙」、「硬是要求人家也不好意思」、「萬一被拒絕心情會很差」。不過，無論在工作或生活上，一定會遇到需要其他人幫忙的時候。這裡介紹讓不擅於請託的女性不用太多顧慮就能開口，對方也會欣然答應的好方法。擅於請託別人的女性，多半都實踐下列這套**【如何擅於提出請託】**的方法。

1 表達為什麼要會請「你」幫忙。

「拜託幫幫我啦！」這種耍賴的請託方式，或是「其實誰都可以啦」的請託方式，都會讓對方興趣缺缺。「你真的很擅長製作這種資料」、「我很需要你對這方面的資訊」，像這樣說出賞識對方的能力或個性的話語，任何人都會想要幫你忙、助你一臂之力。請託時表現出「因為是你」、「欣賞你的能力」，讓對方體會到被別人需要的感覺，就算沒時間說不定也會設法幫忙。

2 先為對方準備好台階下。

話說回來，拜託別人事情時千萬別認為對方當然要答應。既然有求於人，無論身處什麼樣的立場，千萬不能用強迫對方的說法。詢問對方是否答應時，要表達出：「如果全部答應有困難的話，請告訴我」、「時間上太緊迫的話，可以只麻煩你其中一部分」，採取「開放式」的請託方式，留給對方一些可自行判斷的空間，雙方也比較輕鬆。對方不會有「被強迫」的感覺，而是自主「選擇」的心態。

3 明確表達請託的「原因」與「內容」。

這一點似乎是理所當然，請託別人事情時要清楚說明「為什麼需要這麼做」的原因和內容。好不容易徵得對方同意，事先講清楚才不會沒有效率，或是之後得再多花工夫。

4 在對方答應請託後，表達感謝很重要。

當對方答應後就放著不管的話，有時候會讓對方有「下次再也不幫這個人了」的想法。因此，最少要在「對方答應時」、「事情結束時」、「隔天」這三個時間點表達感謝。有時候在事情進行的過程中也不要忘記道謝。還有，記得要告知成果。若能跟對方分享喜悅，下次他也會願意再助你一臂之力。

75 展現尊重對方的誠意，不要怕拒絕

⇩⇩

如何巧妙拒絕，在不招致反感下說NO

能夠得體拒絕別人的請託或邀約，人際關係就會輕鬆許多。對於無法拒絕對方的要求的人，通常是因為不想把關係弄糟，但勉強自己接受反倒會讓彼此變得不合。

拒絕時必須展現誠意。讓對方看到「我很重視你」的體貼，反倒會留下好印象。坦率表達自己的意願，明確說出無法辦到，能讓對方更加信任你。即使不擅拒絕的人，只要想著為彼此著想，是不是就能拒絕了呢？展現誠意說ＮＯ的基本原則是**「表達遺憾的心情」＋「簡單說明做不到的理由」＋「給予替代方案或正向的話語」**。

誠意１　表達遺憾的心情。

雖說要明確拒絕，但如果劈頭就說「辦不到！」、「不行！」、「沒辦法！」，任誰的心情都會不好吧。最好能用「好可惜～」、「對不起！」這些體貼對方的用詞來開頭。

誠意２　簡單說明做不到的理由。

不說明原因會招致不信任，但如果講得太詳細，有時也會讓對方認為「你這麼說，是表示要拒絕嗎？」的感覺。因此，遇到午餐或其他聚餐的邀約，只要簡單說個「好可惜，我已經有約了」之類，就以既定行程、工作、念書、家人、健康因素等，對方也能接受的理由簡單說明即可。如果真的不想接受邀約，也不能經常使用相同藉口的話，可以找個像是「因為最近有事，所以會比較忙」之類長期的理由。

誠意3 給予替代方案或正面的話語。

人通常很難拒絕工作上的請託。因此，可以提出替代方案，像是「這個星期有困難，但下個星期可以」，或是提出附加條件「如果只要一小時的話就沒問題」，這種開放式的折衷拒絕方式。最後再加上一句「之後有問題再告訴我」，邀約的話則是在婉拒之後加上「玩得開心點！」這類正向的話語，便可以緩和拒絕的印象。話說回來，若面對的是不合理的要求、強人所難的請託，就不用那麼客氣。稍微表現出為難的表情，用真誠的態度拒絕吧。

能夠以堅定的態度說ＮＯ的人，會展現出灑脫、吸引人的一面。想拒絕，就拒絕。無論自己或對方，應該都要認同彼此面對不喜歡的事情有拒絕的自由。

76 以「貶低再拉抬」就能讓對方聽進逆耳之言

⇩⇩ 對女性說逆耳之言時該注意哪些事

「逆耳之言」這件事，有時候一不小心，會讓對方認為自己遭到否定，搞到彼此都感覺不愉快。尤其，女性之間通常不願意互相提醒。相信也有不少人不想因為說逆耳之言而被討厭，或是認為要是被當成壞人遭到厭惡，自己就虧大了。

不過，當對方做事方式有問題時，總是需要有人出面提醒。如果不說的話，會讓周遭的人感到困擾，而對方也會老是犯下相同的錯誤。「不說出口的善良」會妨礙一個人的成長。因此，應該要選擇「說出口的善良」。或許因為這樣，對方反而會覺得感謝有人提點，或是那句話讓人成長不少。

女性在對其他女性說逆耳之言時，必須用令人容易接受的說法。要是因此而產生厭惡，就失去原有的目的。**【如何讓對方接受逆耳之言】**的方法是：

1 貶低再拉抬對方。

說出逆耳之言時，用字遣詞要謹慎，但更重要的是「敘述的順序」。說完逆耳之言貶低對方之後，記得以讚美、期待與感謝來拉抬。例如，一開始很直接告訴對方，「做事情前要先仔細想好，訂出優先順序」，接著說：「上次那個案子你處理得很好，應該沒問題」，藉此來拉抬對方。「謝謝你每次都把企畫書寫得很仔細。不過，時間分配也很重要，如果能控制好時間就更完美嘍。」像這樣，以拉抬、貶低，再拉抬的三明治敘述方式，最後以正面的用詞作結，就讓對方感受到雖然遭到提醒，但也有稱讚，而產生備受期待所以應該要更努力的心情。

2 有時候也夾雜自我坦承。

女性在說出逆耳之言後，有時候對方反擊說：「那你呢？」、「你還真跩啊！」在這種狀況下，若想像自己也同樣處在對方的立場，將自己的缺點全盤托出，就能降低對方的戒心。「其實我以前還不習慣的時候，也會犯這種錯」、「我也曾經因為沒注意而犯錯，所以不希望你重蹈覆轍」。這麼一來，對方也會坦率接受。

3 說出逆耳之言之後，保持觀望並問候。

不是光說出逆耳之言就算了，一旦看到對方的進步，別忘了關心一下。「哦，好多了！」、「你最近工作能力變強了，不錯喔」，這麼一來，就能讓對方感受到是為了她好才提出建言。

人在世上不可能獨自生活，必須也要使身邊的人都能變得更好。

第6章 不隨著別人起舞的生活

77 在女性階級制度中存活的訣竅(1)

⇩⇩ 記得這不是該獲勝的競爭

至今仍有很多人對女性家庭型態的高低排序是：結婚生子＞DINKs（頂客族）＞單身。單身女性無論多麼強調生活過得充實又幸福，每每到了同學會或是親友聚會的場合，還是不免遭受社會大眾眼光的批判。

此外，在結婚生子的狀況下，還會有小孩的人數、孩子讀的學校、居住的地方等「媽媽階級制度」的排序。另一方面，還有住在大樓的高樓層代表上流的「大樓階級制度」，以及評比收入、公司、聘僱型態的「職業階級制度」等。女性經常就從這些居住地段、住家環境、畢業學校、服裝、使用的包包等項目，來展現優越感，或是定位對方。

有一位有孩子的朋友說：「孩子的社團活動中，頭頭就是某位媽媽，她的三個女兒都在這個社團裡。因此她握有絕對的權力，為所欲為。」朋友敘述時，帶著一副怒氣難消的模樣。也有單身女性說，「加入一個社會名流的單身社團，本來是想讓自己成長。結果光是午餐的水準就有天壤之別，裡頭的人不停爭相炫耀，讓我覺得好自卑。」而感到非常失落。

對於男性，或是與這些狀況保持距離的女性來說，或許覺得無聊透頂。但身在其中的人，真的會覺得很難熬。一旦自己被當作是「下層」的人，很可能遭到排擠、輕視。此外，即使被視為「上流」也容易成為被嫉妒的對象，而且對「下層」的人而言，還會被視為是共同的「敵人」，在檯面下成為說壞話的目標。

為什麼女性之間會有這麼複雜難解的比較，甚至引發紛爭呢？

男性之間的競爭就單純許多。通常都與年齡、金錢、權力等社會地位相關，一瞬間就能決定社會地位的高下，但也因為上下關係明確，讓彼此能放心相處。

相對地，**女性的排名因為不明確，也不容易評價，導致女性的不安，於是動不動就想要排名，表現出自己的優越感。**

話說回來，女性天性不愛爭執，大多數都希望能安穩地過生活。這類階級制度的起源都是來自自卑感加上不服輸，希望用某種排名來滿足自己。有這樣的發起人，加上其他附和的人，在物以類聚之下，就形成了階級制度。只要心想，**階級制度只是評價「某些部分」的優劣而已，本來就不是競爭，就會輕鬆許多。**

78 在女性階級制度中存活的訣竅(2)

⇩⇩

只需要採取適當的互動就好

前面提到了階級制度形成的機制，以及幾乎所有女性都不希望有高下之別的階層或等級之分。

接下來要介紹生活中盡可能不捲入階級制度的訣竅。

女性階級制度就是為了比較「某些部分」優劣的檯面下競爭手段。本來就無須在意，因此只需要適當的應對即可。可以留意以下四個重點：

1 對「階級」視而不見。

優劣順位、派系，這些都是「檯面下」的事情，愈是在意就愈容易沉淪。面對無聊的階級制度，不如保持平常心，自己就是自己，無須和別人比較。無論面對什麼樣的人，都以平等的態度來互動，對方也會逐漸配合。

2 不要刻意展現自己「優越」的部分。

在階級內一旦展現「優越」，多半會招致嫉妒。不要擺出高傲的態度。

3 不去面對愛較勁的女性陰暗面。

喜歡給人排名的女性，內心經常盤旋著不安與自卑感。若去正視這股黑暗的話，就會面臨彼此較勁、不停抱怨、說壞話等棘手的狀況。對於那些不斷想扳倒別人的惱人女性，只要想著對方是因為不安而想要確認輸贏、那是她心中陰暗面的問題，不是我的問題，無須執著。不要受到對方刺激，也不用深入交談，對方一旦口出惡言就轉變話題，並保持一定的距離。

4 了解對自己來說最重要的事情。

無論在階級制度中排名再這麼低，只要了解自己真正重視的事，內心就不會受傷。「就算沒有錢，自己還有感情很好的家人，引以為傲」、「雖然沒有男朋友，但有一份喜歡的工作」、「能做自己喜歡的事，像是旅行、登山，這樣就很幸福」，每個人應該都會有自己珍惜的事物。

幸福不是望向旁邊，不斷地左顧右盼尋找，而是掌握在自己手中。**千萬別隨著愛與別人比較的女性而起舞。**

79 當他人展現敵意時，請換個角度看事情

⇩⇩ 不受到女性敵意波及的方法

當遭受對方「敵意」相對時，自己也會難免抱持「敵意」。同樣地，對方展現「善意」時，我們也會一樣抱持「善意」。有一句話說「對方就像自己的鏡子」，一點都沒錯。

不過，就算對方出現一些討人厭的言行舉止，但釋出自身敵意的是誰呢？沒錯，當然就是自己。千萬不要因為受到對方的敵意，就汙染了自己的心。面對不喜歡的禮物，就要拒絕接受。

【不受到女性敵意波及的方法】之中，使用了「後設認知」的概念。「後設認知」是心理學的用語，意思是客觀面對自己的情緒與思考，加以控制。用個比喻，就像有另一個自己，從高處俯瞰著一切和自己的狀態。

1 自我抽離，適時踩情緒煞車。

當對方表露出敵意時，有人會反擊，有人則意志消沉，但無論哪一種反應，都會

讓對方的敵意升高。如果不是暴力或太難聽的惡言，最好的作法就是置之不理。在這種情況下冷靜判斷自己內心的狀態，「現在我非常生氣」、「我最討厭這個人的這個地方」，然後告訴自己，「對對方懷有敵意，沒有任何好處」。此外，當自己感到疲憊、心中累積不滿時，愈是容易受到對方的挑釁。「我因為家裡的事情而感到不安，或許就是心情焦躁的主要原因」等，做出整體性的判斷，好好安慰自己。

2 從第三者的角度看對方的狀態，主動開口慰問。

當受到對方以敵意相向時，我們很難避免情緒化，這時請換個角度，以第三者的角度來看對方。這麼一來，就會覺得「其實這個人也很不安吧」、「他一定有很多苦衷，才會擺出那種態度」，從中了解對方其實是個「可憐的人」。待冷靜後別忘了主動慰問對方，「你累不累？」、「出差很辛苦吧？」這麼做同時也能保護自己。

3 在觀看當下的同時，將重點放在「正向的部分」。

「為什麼那個人老愛冷嘲熱諷？」當自己對人際關係感到不滿時，就會把全副精神放在這上面。這時應該把重點放在其他地方上，比方說「其實還有很多人理解我」、「我在一個良好的環境下工作」。當內心快受到汙染的話，就無法做出正向的思考。就像樹木需要澆水，別忘了讓自己的心時時獲得潤澤。

80 並非視而不見，而是四兩撥千斤化解

⇩⇩ 不以「力量」，而以「智慧」與「良善」來決勝負

我看了女城主在險惡的戰國時代，因不戰而勝存活下來的大河劇後，心情十分暢快。我心想，這就是女性以柔克剛的理想範本。

女城主為了讓人們和平生活，無論用盡任何手段，一心一意就是要避免戰爭。即便認輸、逃避、欺騙別人、為敵人獻花，都在所不惜。輸贏無所謂，重點是以「讓事情朝自己設定的目標發展」為前提。結果，原本以為的敵人反而成了夥伴來相助，讓情勢大翻轉。**【避免衝突的重點】**就在於不靠力量強弱、優劣來決勝負，而以智慧、良善來面對。

1 具備「智慧」，並非視而不見，而是四兩撥千斤化解。

在第1章裡曾經提到，衝突通常來自認為自己是正確的，對方是錯的的時候，但別再這麼做了。應該把如何讓棋子朝最理想的方向前進放在第一位。

在每個情境下，有各式各樣不同應對的方式。「在這裡，隨意聽過就算了」、

「在這裡，需要說出意見」、「讓對方一步」、「讓時間來解決」等，解讀對方的想法與態度，臨機應變找出適合的選項。不過，如果被對方瞧不起，或是有不合理的要求時，展現憤怒也是很重要的一環。情緒表達是女性很有力的一項武器。不是否定對方，而只要四兩撥千斤化解當下情境就行了。

2 具備「良善」，不求一己獨勝。

最終能夠保護自己的最有效的武器，就是「良善」。就算遭到對方言語上的攻擊，或是任何擾人的行為，若是自己也懷著敵意衝突，就著了對方的道。

平常就站在對方的立場，聽對方的話，思考對方的喜好，親切以對，隨時表達慰勞及感謝，寬容面對對方的失敗，像這樣表達自己的良善。這麼一來，總會有人用相同的態度來對待你。

就像溫暖的太陽將冰塊融化，良善也會將別人的敵意融化、蒸發。就算冰塊無法融化，到時候再尋求理想的因應方法就行了。

不靠力量，而以智慧與良善為人生哲學的人，活得更瀟灑，更加溫暖且有吸引力。你難道不想成為這樣的女性嗎？

81 大姐頭的出現是必要之惡？

⇩⇩ 如何因應令人害怕的大姐頭

在女性眾多的場合，例如辦公室或媽媽友之間，似乎總會有大姐頭出現。過去我在公司也曾被大姐頭當作霸凌的目標。明明我沒做什麼招人怨恨的事，對方卻忽視我、排擠我，工作上不肯指導，還說一些無憑無據的壞話來誹謗我，不知道為什麼敵視我。

回想起來，無論在小學的班上、純女性的社團活動、打工地點，不知道為什麼都會有這類大姐頭。如果是一對一的互動，很多人其實比想像中來得好，據這些人的說法，「因為都沒有人肯主動啊，只好由我來指導那些菜鳥」、「要是沒有我，事情就一團亂啊」，她們都有自己率領團體的理由。女性之中也有一套理論，認為出現握有權力的大姐頭是理所當然，可說是「必要之惡」。

然而，就經驗上來思考，**大姐頭的出現是在下列兩項條件重疊時。**那就是**「大姐頭在個性上有問題」**和**「封閉的環境」**。找出了這兩個條件，就等於有了因應的方法。

首先，會成為大姐頭的人，並不是一般認為的聰明、長得漂亮那種模範生類型。其實她們都是充滿自卑感，又不甘寂寞。這些人對於無法獲得眾人認同感而恐懼得不得了。**把她們的攻擊當作提醒其他人「多關心我吧！」不時給予稱讚，表達感謝，可讓她們稍微放心。**另外，善用對方的自尊，表示「只有你最可靠！」也是一種方法。

然而，與對方保持一定距離，並不時清楚表達自己的意見也很重要。大姐頭的個性率直，會特別照顧認同自己的人。

第二點，大姐頭之所以變得蠻橫專斷，是因為封閉的人際關係。若是有男性加入團隊，有時候可以緩和氣氛。此外，如果是在辦公室，可試圖讓工作流程透明化，在業務改善上設置自由對話的機會，或是與主管討論、找到可以交談的對象等，**藉由開放的同時打開一條解決之道。**

或許最好的作法是自己不要太在意，把注意力放在外面的世界。

82 一旦被激怒，你就輸了

⇩⇩ 遭受對方敵視時該如何因應

女性之間人際關係的麻煩，幾乎都是因為「和對方在同一個舞台上衝突」而引起。如果狀況允許，最好能避免衝突，平靜過生活。但似乎到處都有將自己視為對手的女性。「哦？你去夏威夷啦？我不知道去過多少次，都已經膩了」，像這種動不動就跟自己比較，或是「有小孩真好耶～我也該早點生才對」，看到別人受到稱讚就趾高氣昂地表現出不甘示弱的情緒。

我有一個朋友，對於這類敵視別人的女性，可以很豪爽地回應對方，「哇！你姿態好高哦！」或「幹嘛一副跩樣？」還嗤之以鼻，露出得意的笑容。總之，她展現出絕對不輸給對方的堅毅姿態。如果能這麼做，報一箭之仇固然很好，但幾乎所有女性面對對方的敵視，都是在敢怒不敢言、不知所措，甚至感到畏懼。

【遭受對方敵視時該如何因應】的方法有三個。基本上就是「如何避開對方的視線」。一旦目光交會，受到挑釁就輸了。千萬別被拉進對方的黑暗面。

1 避開對手的視線↓動不動就想和人比較的人，是因為她心理有問題。

敵視對方是自卑的象徵，因為不立於優勢就會感到憂慮。你可以想「那個人心理有問題」，不要在乎對方的惡意；也可以採取擺低姿態說：「哇，你好厲害哦～」此外，也可以試著稱讚對方。建議選擇自己不會被敵視的地方來讚美。例如，對於平常在工作上你視為敵手的人，稱讚對方的美感，「你的衣服都好有品味哦！」若是因為炫耀另一半而被嫉妒，可以肯定對方工作上的成就，這樣對方的批評會收斂些。

2 將注意力放在自己的身上↓將對方的嫉妒化為動力，提升自我。

把敵視與嫉妒當成是一種「稱讚」。你因為太優秀才讓對方感到威脅，如果因為遭到敵視就焦躁不安、手足無措，這樣就太可惜了。把對方的嫉妒當作激勵，來鞭策自己，讓自己提升到那些善妒女性絕對無法趕上的境界。

3 將目光放在更大的事物↓僅選擇生活與人生中「必要的事物」。

想想要是你只能活到明天，還會煩惱這些事情嗎？如果你有更大的夢想要實現呢？應該就會覺得沒必要把時間和精力花在那些敵視你的人身上了吧。

83 絕不要對上對方的煩躁頻率

⇩⇩ 如何不受到他人煩躁情緒的波及

在辦公室裡，如果身邊有個易怒的主管或是煩躁的女同事，真教人痛苦。就算自己想要保持心情開朗，愉快工作，但一不小心遭到對方的煩躁情緒波及，也會跟著不耐煩起來。萬一遭到遷怒，有時候講話時也忍不住帶有攻擊性。

【如何不受到別人煩躁情緒的波及】，有以下兩個方法。

1 打開正向思考的天線，不要接收到煩躁電波（改變想法）。

過去我也曾受到焦躁的主管波及，跟著不耐煩起來。當時有某位女性同事總是能夠坦然以對，她的說法是「就當作是一場暴風雨」。

的確，沒有永不停歇的暴風雨。這位同事很愛笑，「今天繡球花盛開了耶！」、「我發現了好吃滷菜的食譜！」，就像這樣，她總能珍惜日常生活裡的小確幸。因為隨時打開正向思考的天線，就不會接收到其他人煩躁的情緒。之所以會受到波及，就是因為和對方有相同的頻率。

如果身邊有這類情緒煩躁的人，請想像自己撐起一把透明傘來抵擋。面對別人隨意引發的暴風雨，難道不該好好保護自己嗎？

2 向陷入苦惱的對方說句慰勞的話（改變反應）。

面對情緒焦躁的人，如果採取愛理不理、無視或敵視的態度，永遠就會陷入同一套模式的情緒反應。

要改變這套情緒模式，請將對方設定為「非常無助、值得同情的人」。老是感到煩躁的人也很辛苦，想必是內心受了創傷。這種人需要的並不是敵視的反應，而是問候與慰勞，能夠感到安心的話語。當暴風雨過去，對方冷靜下來之後，「你也得面對顧客的各種狀況，真辛苦」、「我會在一旁協助，不用擔心」、「今天就好好睡一覺吧」說點這些代表正向肯定、慰勞對方的話語。這麼一來，對方焦躁的情緒一定能平靜許多。甚至還會向你道歉，「對不起，我太不耐煩了」。

多虧曾有情緒煩躁的主管、同事，才讓我能在人際關係上增加不少自信。引起暴風雨的人雖然教人煩惱，但一旦接受了對方，常會發現這些人也有善良的一面。

84 在煩躁情緒累積之前，不如先一點一點釋放

⇩⇩ 因一點小事而感到煩躁的自我振作的方法

女性永遠是為了公司、為了家庭等而忙碌。一回過神來，經常發現一天之中自己的事情都被暫放一邊。為此，很容易因為一點小事情而不耐煩，或是發怒。

男性常說，「女人，總會為了小事情突然發飆」，但原因通常不只是這些「小事」，女性還有很多沒有外顯的情緒。這些煩躁不斷累積，在某一天達到臨界點就會爆發出來。不過，一旦變得情緒化，就無法獲得對方的理解，對自己也沒有好處。

這裡介紹**【如何讓因為一點小事而煩躁的人振作】**的方法。

1 先了解心情煩躁的理由。

沒來由感到煩躁的人，其實是沒釐清自己不耐煩的真正原因。把自己當作自己的好朋友，不要逃避這股情緒，從客觀的角度來了解。像是現在手上的工作太多，讓我不耐煩、家人的事情讓我很焦慮。這麼一來，就能盡早找出因應的對策，反而能轉念「那就～這麼辦吧」、「現在想這些也沒有用」。

2 把不滿一點一點釋放出來。

常把不滿或不安放在心裡會危害自身。如果能趁早一點一點釋出，會讓心情稍微不那麼緊迫。對別人感到不滿時，彼此也可以平心靜氣地談談「我希望可以～，你覺得呢？」，或者沒辦法改變時，也可以找朋友傾訴，「覺得好煩，不過我會努力的」。保持積極態度，相信朋友也願意聽你的抱怨。

3 善用等候別人的時間。

抱有期待等候對方的回覆，正是心情煩躁的原因。例如，工作上重要的聯絡遲遲沒消息，ＬＩＮＥ顯示已讀卻沒有回覆，或是先生很晚才回家等等。那些總是在配合別人而常常等待的女性，可以將等待的時間拿來自行運用，做一些事。如此一來，就會對其他人更體貼，像是考量對方「應該是有很多狀況要處理吧」，設身處地為人著想。有耐心等候的女性通常會是個性大方、寬容的人。

4 留下獨處的時間。

請別想著要改變情緒煩躁的自己，應該是把重點放在找回原本友善的自己。為此，你需要的是每天半小時與自己獨處的時間。發呆也好，照顧自己也好，或是擬定作戰計畫都可以。珍惜自己，才能珍惜別人。

85 面對年紀輕的女性，要學會遲鈍

⇩⇩ 如何應對年輕女性

基本上，年輕女性很容易讓人覺得礙眼。經常不由得就會拿她們和自己比較。

聽聽身邊年紀較大的女性，她們總說：「在我們那個時代，必須絕對服從前輩說的話，但現在的年輕人竟然能直接說ＮＯ耶」，或是「不只工作能力差，連抗壓性也很低，只有自尊心很強，連講都不能講」等抱怨的話。

對年輕女性挑毛病、不耐煩，嫉妒她們的優點，這是年長女性的本質。況且，年輕女性只不過比自己「年輕」，就可以獲得更多關愛，而威脅到自己。讓人忍不住嫉妒，也想要挑毛病，自己也感到很不耐煩。

與年輕女性互動的訣竅，就像下面所說的「遲鈍」與「坦率」。

1 培養「遲鈍力」，溫柔守護。

經常聽見年長女性面對年輕女性說「在我們那個年代……」這種有代溝的話，但這種人在她年輕時也一直聽年長前輩這麼說。甚至自己在當年還有更誇張的事情。但

是拿別人跟自己比較並沒有意義。「嗯嗯，就這樣吧。」不用對任何大小事都在意。倒也不是「事不關己」的態度，而是在對方需要時站在同樣的立場來指導，「這一點要留意哦」。身為年長的女性，應該能溫柔守護對方。

2 面對年輕人也坦誠說出「好厲害」、「請教我」。

面對年紀較輕的人，很容易就注意到她們不好的地方，但其實她們的優點也非常多。坦率稱讚對方「好厲害哦」，對方不但開心，也會尊敬你。例如，對於熟悉手機ＡＰＰ的女性說，「這個我不會，也教教我吧！」對方就會很得意地教你。日後，她會成為幫忙你的得力助手。

對年輕女性來說，能夠獲得年長女性的認同，比什麼都令人心安、可靠。讚美對方的優點，溫暖守護並適時伸出援手，就能和對方建立信任感。

另一方面，跟自己相較之下，年輕女性的溝通能力相對較弱是理所當然的，這一點或許也要加以考量。就算沒有獲得期待的反應，也不要失望，不時主動詢問，仔細說明，藉此來填補彼此間的落差就行了。

期許自己當個胸襟寬大，讓人感到溫暖且值得信任的前輩吧。

86 主管與部屬的差別不在「地位高低」，而是「職務差異」

⇩⇩ 如何與年輕主管、年長部屬的相處

由於社會上轉職者與派遣員工增加，以及能力主義逐漸受到重視，愈來愈多年輕女性成為主管，反過來說，也有年長女性成為部屬，這類異於以往的現象早已司空見慣。

這兩種狀況我都面對過，非常耗費心力。尤其身為主管，部屬是較自己年長的女性時，要提醒對方時很傷腦筋。比方說，年輕部屬如果遲到，只要很明確告訴對方要守時就可以了，但換做年紀比自己大的人，還要考量不傷及對方自尊的委婉說詞。面對年長與年輕的人有不同因應方式，這也是理所當然。

基本上該先了解的，就是主管與部屬的差異不在「地位高低」，而是「職務差異」。若是離開辦公室到其他地方，或許彼此立場就會反轉。

如果有「自己身為主管就是『地位高』」或是「因為年紀大所以在『上位』」，就會擺出目中無人的態度，很容易會引起風波。在心裡最好做個切割，想著**「一切都是為了要做好工作，沒辦法」**就好。那麼，要如何與年長部屬，或年輕主管相處呢？

【與年長部屬的相處方式】

面對年長的女性部屬，不要擺出主管的架子，乾脆以「我有思慮不周的地方，請幫助我」的方式來請託。當然，別忘了使用敬語。若是對方犯錯，「可以麻煩再確認一次嗎？」讓對方能自己察覺到；要提醒或指責對方時，「因為希望你可以當其他人的示範」表現對對方抱有期待、拉抬對方，這一點很重要。平常也不忘隨時感謝，「多虧有你的幫助」。當自己出錯時就乾脆地道歉。

在工作之外，展現對年長人士的尊敬，「我很敬佩你會～」、「下次請教我～」讓對方保持自尊。

【與年輕主管的相處方式】

如果同為女性，通常發現年輕主管的缺點，很容易不留情面，但既然自己比較「年長」，就採取寬容的態度吧。不要立刻批評，而與對方保持一定的距離，「有任何問題可以找我討論」當作一名可靠的部屬。偶爾也可以說些「不要太勉強」、「不如這麼做～？」，像媽媽一樣給予關懷、建議。

87 跟同學的互動需尊重對方的世界，並拿捏好距離

⇩⇩ **如何與女同學相處**

前陣子我跟三十歲出頭的女性聊天時，講到這件事。

「我現在不僅還沒結婚，工作也有一搭沒一搭的。很沒自信，不想參加同學會。」

這種心情大家都有過，我也不例外。同學之間因為起跑點相同，比較起來似乎也很公平。而且，還是一群女生。「那個人～，和她相比我就……」動不動就想比較之下，無論見面或是在社群網站上，都讓人想避開。

不過，十年過去，人生繞了一大圈後，可以擺脫家庭、工作，單純以同學來面對面。跟這群人聚在一起，彼此都可以說聲「這幾年大家都很努力呢」。

在工作上，同期進入公司的同事也一樣。一開始互相視為勁敵，但經過十年之後，有了一定的地位，成為能夠互換資訊、同心協力的交情。

因為這群人年紀相仿，最能互相理解，也最不需要心存顧忌。

跟這些女性同學相處的方法，**就是不要輕易比較，坦率認同和自己「不同」的部**

分。學會尊重對方的世界，拿捏好理想的距離。

同學，或是同期的同事，因為一開始上同一個學校，或是在同樣的環境中工作，有很多共同點，在心裡會不自覺希望對方跟自己站在相同的位置上。不過，女性在結婚、育兒、工作上，各方面的狀況改變非常大，沒有任何人會在相同的位置上。每個人有各自的世界。

在婚姻上有些人比自己快了一步，或許在工作上比自己走得慢。

另一方面，由於同學之間並無地位高低關係，很容易在毫無顧忌下敞開心房，不過距離感就更顯重要。若是只顧講自己的事情，「最重要的當然是小孩呀。我們家小孩啊……」或是硬要灌輸自己的價值觀，「說來說去，最重要的還是錢啦～」只會造成彼此之間觀念上的落差。

在尊重對方的世界之下，找到有共鳴的事物，需要保持距離時就保持距離，找到彼此沒有壓力的距離感。

總之，不用太勉強，跟合得來的同學保持聯絡，合不來的話就逐漸疏遠。或者只在合得來的地方彼此交流，這樣也很好。

88 學習當個忘性大，「新陳代謝良好」的人

⇩⇩ 給容易念念不忘的人切換情緒的方法

不少人對於人際關係中的爭執，或是犯下的錯誤，經常念念不忘，鬱鬱寡歡。尤其像是「那個人太過分了」、「真瞧不起人」，這類對別人怨懟的小石子，若逐漸堆積成山，愈來愈大，就會讓自己精疲力竭。

不過，也有一些不會為情緒所牽制的女性，立刻破涕為笑。這類女性的心並不倔強，想必都很柔軟。只要想著一直處在討人厭的情緒下真煩，就會有意無意與這些壞情緒切割。其實，任何人都可以養成這種習慣。**【讓容易念念不忘的人切換情緒】的方法是：**

1採取積極正面思考「嗯，算了啦！」。

要迅速忘掉討厭的事情，對於有感情的人來說非常困難。不需要將厭煩的心情刷新，只要坦然以對「嗯，算了啦！」，認定之後放掉心中的疙瘩。例如，遭到女性同事的冷嘲熱諷就心想，「嗯，算了啦。人總會遇到這種事」。遇到出錯、失敗時，

「唉，算了啦。下次應該會順利一點吧」。將心裡那股煩悶化為前進的能量，應該就能減少對別人的憤恨或悔意。

2 說給其他人聽，讓心情平靜下來。

有一名女主管，每次遇到不開心的時候，就會跟先生說：「你不用回應沒關係，只要聽我說就好。」訂出一段時間來傾訴。此外，有一位女社長想到十多年前被討債的人追逐時最糟糕的狀況，「當時因為有一名女性肯聽我說，而讓我得救」。藉由傾吐，讓心情獲得療癒，就能客觀面對現實繼續前進。

3 全心想著該做的事情和其他樂趣。

情緒上之所以會念念不忘，多半是心中出現空洞。因此，就算在公司裡遇到不愉快，也可以將心情切換到育兒上，「這個週末要旅行嘍～」像這樣，讓心裡充滿高興的事情，厭煩的情緒就不容易記在心上。一位開朗活到九十八歲的女作家說，「我每天從早到晚都花心思思考每一件事。」她用心在所有小事上，像是怎麼煮味噌湯，怎麼煮白飯，怎麼做醬菜，想出用自己獨特的方式來生活，就會不斷前進，根本無暇生氣、難過。期許自己能做個在情緒上新陳代謝良好的人，持續向前邁進。

89 把所有人都當成夥伴就無所畏懼

⇩⇩

讓不想惹人厭而過於小心翼翼的人自在輕鬆的方法

一位九十多歲的知名女作家與六十六歲的女祕書上了電視。祕書對大作家說，「我說呢，老師您太晚才開始準備了啦！」展現毒舌毫不留情。據說她們平常也不時這樣拌嘴，一開始身邊的人看了都戰戰兢兢。不過，作家卻說，「不知道為什麼，我就是不會跟她生氣，總是笑個不停。」還一副很開心的模樣。

那麼，女祕書是怎麼看待作家呢？她說：「老師是我最強大的夥伴！」我對這句「最強大的夥伴」深深感動，同時也很有同感，只要有這種想法，面對任何人都毫無恐懼，而能夠珍惜對方。

在不想惹人厭的心情下，會過於小心翼翼，想說的話不敢說，愈來愈疲累。於是，人際關係不順遂，便會開始責備別人，「這個人怎麼這樣！」然後，心理上的疲憊與對對方的厭惡就會愈來愈嚴重。

解決這個現象的關鍵，我認為就是「良善」。無論如何都無法改變對方，與其一心想著「對方會怎樣？」不如把重點放在「讓自己保持良善」，這麼一來，與別人的

互動也會出乎意料之外輕鬆自在。在日常中展現尊敬、感謝、慰勞及鼓勵的心意，或用言語表達，並且提供幫助，彼此之間也能建立起暢所欲言的關係。

當然，我們也有就是無法把身邊某些人視為「夥伴」的情況。即使如此，最好仍要試著把這些人當作「夥伴」。因為，他們的確對你的人生造成影響，也教會了你一些事情。

真的沒辦法的時候，不如想成對方是來到「自家商店」的「顧客」吧。即使是棘手的對象，想到偶爾也會有這類顧客就能親切相待了。就算被這位顧客討厭，因為還有其他客戶看著，就不能輕易損害商店的信譽。

前面提到的那位作家說，「良善是一個人的價值所在。這也是我祕書最大的吸引力。」這句話讓我印象深刻。對女性而言，最大的武器就是良善。想讓人高興、想讓人快樂、不願讓人難過、守護別人，右手秉持著對人的良善，左手握有自我風格（對自己的良善）向前邁進。這樣的女性就所向無敵了。

第7章

真誠對待別人，真實面對自己

90 擁有堅定的中心思想，人際關係就會穩定

⇩⇩ 以「自己是自己」作為生存的訣竅

「雖然想秉持『自己是自己，別人是別人』的哲學，實際上卻很難做到。」社會中似乎經常聽到這樣的感嘆。「與別人互動時，自然容易隨對方起舞」、「還是會在乎周遭的眼光」，當然，一定會有這樣的人。

即使如此，我仍然希望各位能堅守「自己是自己」的中心思想。能夠堅持「自己是自己」的話，就不再陷入比較優劣，或是與人衝突的困境。不僅可以擺脫糾纏著自己的那些煩惱，人際關係也會出乎意料趨於穩定。

因此，**請從「對自己有自信」開始**。話雖如此，這並不是要擁有比其他人更大的優勢。如果是這種增進自信的方式，永遠無法成為充滿信心的自己，只會在狹隘的世界裡競爭優劣。

更重要的是，「走自己選擇的人生路」。像是做好我喜歡的工作、盡力照顧父母等，走上自己決定的道路。每個人有自己的路，一邊工作也一邊育兒，或是等孩子長大之後要成立公司等。就算無法實踐時，體會到「這是自己的選擇」和認為「都是別

人害我的」，兩種想法之間有天壤之別。或許此刻不盡人意，但一切都是自己的選擇。藉著認清現實，重新振作，就會充滿自信。

真正有自信、感到驕傲的人，會在人際關係上清楚畫分「自己是自己，別人是別人」的界線。對於自己想說的話毫無保留，面對價值觀或意見不同的人也願意建立起信任感。這類人隨時積極向前，率直爽快，待人溫暖且深具魅力不是嗎？

「自己是自己，別人是別人」的觀念，絕非是不顧其他人，自己好就好。而是理解到**「因為有別人的支持，才可以邁向自己的道路」**這項事實，並能真心感謝，對身邊的人也保持友善。

這麼一來，當遇到任何阻礙時，內心若能理解帶給別人喜悅，自己也會幸福的話，便能勇往直前，也會願意更積極與別人互動。

任何人在擁有自己的中心思想之下，都能將人際關係中的每個人當作「夥伴」來看待。

91

與其關心「別人怎麼想」不如重視「自己想怎麼做」

⇩⇩ 讓人際關係一百八十度大轉變的習慣

坦白說，三十五、六歲之前，我根本沒意識到自己完全受到希望得到其他人的認同、希望大家都喜歡我的想法束縛。

因此，找工作時我挑了看似能讓眾人認同的公司。卻因為不適合那份工作，半年就離職。無論到哪裡工作，都希望受到大家喜愛而展現八面玲瓏的一面，搞得自己精疲力竭，到後來很討厭自己。直到某個時間點，我終於看開了。認清了沒有任何人能讓自己幸福，只有自己能對自己的幸福負責。

之後，如果不會造成太大的困擾，我就做我想做的，說我想說的，沒想到人際關係出現意想不到的改善。身邊的人也認為「這個人就是這樣啦。」我再也不需要壓抑，可以輕鬆與人互動。不再因為別人眼光、別人言語而起舞，反倒能夠心存感激來讓自己變得更好。別人的眼光、言語，有時固然會傷害自己，卻能同時讓自己成長，激勵自我。

留意下列兩點，人際關係就會出現一百八十度大轉變，人生也會好轉。

1 比起關心「別人怎麼想」，不如把「自己想怎麼做」放在第一位。

因為周遭的目光、言語，而讓自己的內心似乎開始動搖時，回到「自己想怎麼做」的原點來思考，就能重新找回初心。如果聽別人說幾句話就改變的心態，就代表信心不是那麼堅定，也不過如此。一旦對自己的選擇有信心，就會產生即使其他人都不認同、都不喜歡，也想奮戰下去的心情。

2 從別人的言語中選出自己需要的資訊，其他不必要的就捨棄。

另外，只挑選自己需要的資訊，其他捨棄，這一點很重要。為了讓自己成長，要精挑細選出有助於達到目的的資訊。近來在網路上、社群上能看到各式各樣的意見，但千萬別照單全收、囫圇吞棗。有時保持距離，有時參考，隨時整理這些資訊。

社會的標準或別人的標準，在人生之中固然必要，也不可棄之不顧，但首先是否掌握了「自我的標準」，才是最重要的。

92 你有「被害妄想症」嗎？

⇩⇩ 不要怪罪他人才能無往不利

有件事情一旦戒除，人際關係與人生都會有一百八十度大轉變。這就是「不要怪罪別人」。

只要有任何不順遂就怪罪給其他事情、其他人，坦白說，這樣很輕鬆。例如，在辦公室裡緊張的人際關係，令人難受。因為有找麻煩的同事、因為工作太忙、因為媽媽的教養方式讓我猜忌心很強等，無論如何都能找到怪罪的人或事。找個人當壞人，自己就能成為「被害人」，維持優勢。

不過，這麼一來就形成了無法應付的狀態，自己沒有成長，也不會進步。

「順利的話，感謝別人幫忙；不順利的話，就算在自己身上。」

每次不順利的時候，我就喃喃自語這句話。想著自己也要負責，就會設法找出解決的線索，盡可能去找讓事情順利的方法。如果事情不順遂，就想這是自己選擇的話，也能接受現在的劣勢了。

別怪罪其他人的另一個原因，就是你會恨了不必要恨的人。例如，經常聽到類似這種狀況。一提到前男友，「都怪那個人，浪費了我寶貴的青春」，把所有精神都放在憎恨對方，沒完沒了。事實上，兩人之間應該也有很多開心、美好的回憶。

此外，將工作上的失誤怪罪給其他人，「都是因為那個人這麼說」，一點一點暴露出怨恨憤怒的態度，人際關係也會變差。在彼此互推責任之下，是無法建立信任感的。明明也獲得許多別人的幫助，卻因此受到憎恨心蒙蔽。

怨恨是百害而無一利。而且容易念念不忘，沒完沒了。要消化這股情緒，就是將注意力放在好的地方，切換心情想著這樣就好、這也沒辦法。

不去責怪對方，乍看之下似乎一時損失，其實獲得的更多。

最棒的就是心情變得輕鬆，也可以用友善的目光來看待別人。這股友善的氣氛感染到其他人身上，支持你的人就會聚集過來。

「不怪罪其他人」的真正意義，就是在別人的支持下走自己的路，並且自行承擔好壞結果。

93 逃避人際關係是因為無法想像「吸引力」

⇩⇩ 提升人際關係能力的訣竅

「人際關係真麻煩」、「一個人輕鬆多啦」似乎愈來愈常聽到這種聲音。原因有很多，但也代表這些人對人際關係感到疲憊。有個很大的因素是，她們一定只看到人際關係的壞處，無法想像與人互動的「吸引力」吧。

不過，自己能夠這樣活著，能受到其他人的幫助，靠的就是「人際關係」。老是逃避其他人，就會愈來愈不擅長與人相處。無法習得人際關係的技巧，會覺得自己愈來愈不擅長與其他人相處，而陷入這樣的惡性循環。

人際關係的技巧，會隨著經驗累積而逐漸純熟。

對於不擅於和別人相處的人，我想傳授三種**【提升人際關係能力的訣竅】**。

1 不要有太大壓力，覺得非得改善人際關係不可。

若把人際關係視為生活的重心，就會把自己的心情放在第二位，太過小心翼翼會讓自己很辛苦。不如換個角度，心想人際關係好的話當然最好。跟合得來的人親密互動，跟合不來的人保持距離就好。

2 從覺得自己做得到的事情慢慢嘗試。

人際關係就算不好，人還是能活下去，但若有良好的人際關係，就占有極大優勢。如果這本書上有讓你感覺「這個我做得到」的地方，請大膽嘗試。就算是不斷說謝謝、說出自己的意見這類小事都好。持續累積微小的成功經驗，在更多時候感受到每個人都真好、獲得別人的幫助這些吸引力，也可以增加自信。就算不順利，也是寶貴的學習機會，而產生像下次用另一個方法看看、暫且放下這件事吧等其他想法。

3 想像、模仿那些你覺得還不錯的人。

身邊一定有些人讓你覺得個性不錯的吧。例如，年輕女孩的話，「能受到主管或前輩的關愛」、超過三十歲的人則是「受到其他人欣賞」之類。觀察這些「範本」，將對方言行舉止中覺得好的地方學起來。學習就從模仿開始。當然，每個人的個性與資質不同，就算做同樣的事情也未必都會成功，但做了之後就能慢慢找到適合自己的方法。先想像要變成那樣的人，試著改變當下的言行舉止。

94 累積正面積極的詞彙並多加使用

⇩⇩ 可以獲得比集點卡更多的好處

言語具有操縱人心的強大力量。光是一句話，有時候能讓人受到錐心的傷害，有時候也能靠一句話復原。

人會因為否定自我的言語而受傷，也會因為肯定的言語而恢復活力。

還有一點要牢牢記住，那就是**言語會累積在人的心裡**。一旦說出的話就無法收回，無論好壞，都會留在對方的心裡。

既然是用字遣詞，不如用一些能讓人聽了充滿活力、撫慰心情，或是感覺溫暖的肯定話語。記得持續不斷表達很重要。正向肯定的話語不需要花費金錢或很多勞力，卻比集點卡有更多的好處。或許會在你意想不到的時候，化為幫助你的言語及行動，為你提振精神。就像集點數一樣，有時可獲得扭轉人生的重大機會。

不經意的一句話，或是小紙條、電子郵件上的一兩句話都好。有時隻字片語反倒更容易直達人心。重要的是，記得隨時累積這些簡單的話語。即使是隨處可見的話，對方也會感到很高興。下面列舉出簡單的例子，將一些好用的話語分成三類，在各種情境下會比較好用。

1 感謝、欣喜——受到別人恩惠，或是沒什麼事時也可以用：「謝謝」、「多虧有你」、「太開心了！」、「有你在真好」。

2 慰勞、鼓勵——對方沒什麼精神的時候、接下來準備做什麼的時候：「你可以的」、「發生什麼事了？」、「接下來沒事了」、「別介意」、「難為你了」、「辛苦啦」、「別太勉強」、「開心點！」、「讓我幫忙吧」、「總會遇到這種事」。

3 稱讚、信任——發現對方的優點時：「好適合你」、「真不愧是〇〇〇」、「我就喜歡你這一點」、「更好啦！」、「該向你學習」、「真可靠」、「好期待」、「又讓我上了一課」、「太尊敬你了！」、「你一定沒問題的」。

言語會因為自己的個性，還有與對方之間的關係跟情境而有不同的效果。實際使用過，覺得還不錯的話，就在自己心裡慢慢累積起來。另外，聽到別人說了讓自己覺得高興的詞彙，也可以記下來。正向肯定的訊息是人際關係的潤滑劑。持續不斷向別人表達這些話語吧。

95 對自己多說肯定且正向的詞彙

⇩⇩ 在心中留下積極正向的烙印

平常似乎沒什麼機會對自己說話，但其實我們只是沒說出口，卻隨時在心中默唸著。早上起床後，「還是覺得好累，不過明天就放假了，再加把勁吧」，像這樣鼓勵自己。完成一項重大任務後也會慰勞自己，「做得真好，給自己一點獎勵吧」。

對自己說話時，也要跟對別人說話一樣，用些正面及肯定的詞彙。「反正沒有人會認同我這種人」、「反正我就是不受異性歡迎」對自己說這種話，將這些話語烙印在心裡，真的就會成為現實。因此，要多自我鼓勵，像是「有些事我也可以辦得到」、「也會有人喜歡我的」。

平常對自己說的話是否定或肯定，對於每天的生活會有極大影響。

即使在人際關係上，我們也希望能對自己多說些肯定的話語。然而，實際上我們經常自我否定。

「我怎麼說了那種話呢？」、「為什麼我始終沒辦法融入其他人？」、「真討厭我這種個性」就像這樣，經常不停自責。

這種行為對自己來說就像一種虐待。沒有人責備你，你卻無法容忍自己，一次次回想起來都是對自己的傷害。

於是，只會心力交瘁，愈來愈沒有自信。

這時，**請想像在心裡有個值得你信任的好朋友**。

然後對她說，「你保持這樣就好」、「事情就讓它這樣，無所謂」這類肯定性的話語。這麼一來，就算有討厭的人說了哪些話，即使別人不原諒你，相信你也可以放過自己。

如果你不站在自己這一邊，又有誰願意站在你這一邊呢？

然後，對自己說些讚美的話語。「你做得真好！」、「就算遭到責備，也忍下來了」、「說了想說的話，很棒！」。

能對自己友善，就能對別人友善。相反地，責備自己的人，即使沒有說出口，也同樣會責備別人。

覺得想要責備自己時，就化為心裡那個好朋友，對自己說些溫暖的話語。

96 在社群網路上與人輕鬆互動

⇩⇩ 在社群網路上重溫昔日情誼的訣竅

透過社群網路，人與人之間的聯繫一下子變得簡單多了。其中又以同學、前同事、已經搬家的媽媽友之類老交情再度復活的狀況，更是教人欣喜。「小孩都這麼大啦」、「現在還是這麼愛爬山啊」類似這樣，笑看著對方的近況，或是互傳訊息報告彼此的好消息。有時也因此舉辦女性聚會，或是藉此成了互相幫助的好朋友。

然而，原本應該是自由又開心的網路環境，卻也有人覺得有點壓力。像是那些炫耀的貼文看了很煩、覺得自己好像也有義務要上傳一些厲害的照片才行、留言跟訊息都很煩等。社群網路明明是單純享受互動的「工具」，此時卻成了一種「義務」，讓人疲於應付。

不要有壓力，學會**【在社群網路上重溫昔日情誼的訣竅】**，就能輕鬆以對。

1 若因為覺得逛社群網路不開心，不看就好了。

如果看到別人的貼文就要跟自己比較，或是批評，老想深入推敲其中的意義，會搞得很累。看到純粹敘述的內容，輕描淡寫「很開心耶！」帶過就好。或許面對很愛炫耀現實生活的人，會覺得很疲憊。但要了解，社群網路是個片面的世界，藏著有些不為別人所知的部分。若你感到厭煩，就停止追蹤那個人，或是暫時離開社群一陣子。

2 覺得留言很麻煩的話，預先公告「不會隨時查看」。

不要求對方針對貼文或留言一一回覆，這是社群網路上的禮儀。「人家都留言了，不回應說不過去吧」，一旦覺得自己有義務，就讓其他人知道「我平常不太花時間查看」。若有「在社群裡要是都不留言，跟其他人會有種疏遠的感覺」這種狀況也一樣，只要在想留言或回覆時去做就可以。想到時看一下的程度，說不定反而受到其他人歡迎。

3 訂立一套自己的社群網路規則。

每個人使用社群網路有不同的方法。為了不讓自己太沉溺，可以訂出一套規則。像是每天只查看一次、只上傳這類主題的照片、只有真的覺得好的內容才按「讚」、對方不回應也無所謂等。

善用優點，能夠自行控制，這才是正確的使用工具方法。找到理想的距離，便能悠閒、輕鬆，樂在其中。

97 使用正念療法跳脫心理疲倦的循環

⇩⇩如何舒緩「煩悶的心情」

「幾天前發生的不愉快仍歷歷在目」、「忍不住東想西想，心情沒辦法好好休息」。你是不是也這樣，生活中始終讓煩悶的心情留在心裡，不停糾結呢？

老是為煩悶的心情左右，情緒與思緒都受到控制，無論做什麼都是心不在焉的狀態，不僅無法專注在眼前的事情上，腦袋也非常疲憊，無法感受到幸福。

我想推薦給各位的，就是運用正念療法休息一下，改變心的方向。藉由簡單的「冥想」，讓腦袋暫時休息，跳脫心理疲倦的循環。

冥想有很多種方法，這裡介紹一個**【正念療法中最簡單的冥想法】**。

1 以輕鬆的姿勢坐下，閉上雙眼。

2 將注意力集中在呼吸上。

以鼻子深深進行腹式呼吸，感覺到空氣通過鼻子，感覺到腹部膨脹。無法集中精神時，就配合呼吸默數1、2、3……。

3 一旦有雜念浮現，就把注意力再拉回呼吸上。

重點是，「萬一浮現雜念時，千萬別責備自己」。不去評論這股雜念是好或壞，只要接受雜念浮現的事實就好。

一開始從一次五分鐘左右就好。要是覺得時間太長，一分鐘、三分鐘，都無所謂。不要只是在感覺不愉快時練習，也可以在開始工作前、早上起床後、晚上睡覺前等，在同一個時間，同一個地點練習更有效。因為大腦喜歡「持續」、「習慣」。

正念療法的基本就是將精神集中在「此刻、當下」。藉由這種改變心的方向的練習，緩和煩悶的心情，在面對壓力時會有截然不同的態度。

現代社會中我們淨是接收大量資訊，腦袋呈現麻痺狀態，很難將精神只放在「當下」。搭車時不要滑手機，看看窗外的景色；吃午餐時細細品味每一道菜，用按摩或伸展來檢視自己的身體狀況等，將精神集中在「此刻、當下」，也是正念療法的一種方式。

這可以提升平常的注意力、記憶力、想像力，更容易出現自由創意，了解到自己想做的事。正念療法的效果比想像中更大，請一定要試試看。

98 建立「不再勉強自己」的人際關係

⇩⇩ 與父母的人際關係

很多人對於與父母之間的關係感到苦惱。來自父母的「咒縛」非常難纏，不會輕易消失。就算是「跟父母的感情還不錯」的人，在不知不覺中也會壓抑真正的心情，僅和父母維持表面上的良好關係。

尤其是母女之間的關係，兩人都希望彼此的想法能一致。

小時候沒什麼力量，只能看著父母臉色，順從父母的價值觀。

長大之後還一味聽從父母的話行事，理由就成了不能讓父母難過，而不去反抗，或是逼著自己、責備自己，要實現父母的期望。另一方面，也有長大成人有了力量之後，轉為批評的態度，「媽媽你太莫名其妙了！」由於彼此無須客氣，互罵起來也特別不留情，通常就把關係搞壞了。

換做別人，會以「別人是別人，自己是自己」的想法來保持距離，但親子間由於希望彼此一致，就變得有一方得忍耐。

要解開這道咒縛，唯一的方法就是承認彼此的自由，父母有父母的道路，自己有

自己要走的路。面對父母，不是下對上的立場，也不用高姿態，而是以同樣身為成人，在維持心理距離之下，以對等的眼光來看待。

若是父母對你的行為感到難過，那是父母本身的情緒，必須自行負責。或許你多少會有些罪惡感，但如果內心就希望這麼做，那麼依循自己的情緒及想法就好。這不是要你任性妄為或是離開父母，而是無論父母的情緒，或是自己的情緒，都在受到認同之下，或許貫徹自己的想法，或許在能讓步的地方讓步，也可以聽取彼此的意見，找到折衷點。

其實，父母最高興的是女兒過得幸福。無法順應父母心意的地方，就讓父母了解到，「謝謝父母生下我，讓我能走自己的路。」一次次表達這樣的喜悅。此外，在能力所及之下多為父母做些事。把比自己先老去的父母，當作是另一個自己，心存尊敬。

當個獨立自主的幸福女性，我認為這才是真正的孝順。

99 人際圈狹小也無妨

⇩⇩ 朋友少又有什麼關係

有個朋友告訴我，「好像很多人聽到『緣分』這個詞都會感覺有壓力耶。」在這個與各式各樣團體交流，藉由社群網路連結，與很多人互動生存的現代社會，講到珍惜有緣認識的人們，一下子似乎就變成負擔。好像光是跟別人相處，這一輩子就結束了。所謂「緣分」，並非持續，而是循環。既有來者，亦有逝者。疏遠的人，或許也會留下對我們有益的影響。

另一方面，廣泛的交友關係也有好處。勤於和多數人保持聯絡，到處參加各類宴會，還能好好守護自己的家庭，的確有能將各方面都處理得相當周到的人。如果抱有這對生意很有幫助、想多親近地方上的人事物、想積極參加聯誼活動等目的時，這種廣泛的交流就很有效。

然而，如果認為朋友多才好，但與一群人相處又感覺壓力，或覺得朋友少的話顯得自己不具魅力、沒有價值，而感到失落，那就大錯特錯了。關鍵在於「重質不重量」。人際關係圈即使小也無所謂，**重點在於彼此能分享多少的喜怒哀樂**。

德國詩人席勒（Johann Christoph Friedrich von Schiller）曾說過，「友情讓喜悅加倍，悲傷減半」。能夠把別人的幸福當作自己的事情一樣高興，有任何負面情緒也能放心傾訴，可以互相幫助的朋友，其實並沒有那麼多。因為能夠彼此了解，設身處地，必須經過許多溝通與時間。

了解到人際圈狹小也無妨的人，為了充實自己的人生，會不知不覺隨時整理人際關係。珍惜那些不用勉強自己也能自然持續交往、合得來的朋友。

這些人知道，跟話不投機的人就算專程花費時間相處，到最後也不會有任何一點收穫。

人際關係圈狹小的話，很容易掌握每一位友人的狀態、近況。也能仔細傾聽、致贈禮物，或是在對方有難時相助，讓彼此的互動更頻繁且真摯。

這道理也適用於面對家人與恩人。**人際關係的基本原則就是，珍惜自己認為重要的人。**

100 「獨處的時間」與「共處的時間」都很重要

⇩⇩ 享受獨處，享受人際關係

人際關係中最重要且最基本的就是與自己的關係。「自己是什麼狀態」、「自己想做什麼」，傾聽自己內心的聲音，珍惜自己。珍惜自己的人，也能珍惜別人，同時受到其他人的尊重。

反過來說，對自己不好、感到不滿的人，對待別人也沒辦法保持友善。

因此，一天之中保有一段「獨處的時間」非常重要，就算時間很短也無妨。可以一個人吃午飯，在公園裡發呆，或是沉浸在自己的休閒娛樂裡也好。整天跟家人在一起，沒辦法獨處的人，也可以把洗澡或通勤時間當作特別的獨處時間。

愈是忙碌，愈容易迷失自己，身心就會累積疲勞。明明在冷靜時可以一笑置之的狀況，卻在情緒緊迫時顯得不耐煩，與別人產生摩擦。

保有一段不被任何事物打擾的自由時間，即使生活中遇到些麻煩，也能冷靜面對，「那個人就是這種個性，不用理她」、「那個人也有她的優點啦」，像這樣跟自己對話，重新振作心情。

此外，日常生活中保持隨時接收資訊的狀態。獨處時心情相對放鬆，會發現過去許多忽略的枝微末節。或許會在每天的必經之路上，忽然發現原來路邊開了美麗的小花，或是想起了想讀的書。

與自己的內心深入對話，也可以讓自己的世界變得更成熟。

在獨處時會讓人發現，有些美好是在跟別人相處之中自己一個人無法獲得的。不僅是一起感動、一起解決問題的喜悅，還有為別人幸福做出貢獻，其實也能讓自己感到幸福的喜悅。

「獨處的時間」、「共處的時間」，缺少任何一方都會讓心生病。至於兩者的比重該如何拿捏，每個人都不一樣。建議如果常是一個人獨處的話，盡量製造和別人「共處的時間」；相反地，和別人共處時間較多的人，盡可能留一點「獨處的時間」。

可以享受獨處的話，對於別人的依賴與期待會降低，別人也會覺得與你相處是很輕鬆自在的。

人生顧問363

女子人際學：受男性欣賞，女性喜愛，人際關係瞬間提升的100個教戰守則

作　者—有川真由美
譯　者—葉韋利
副主編—郭香君
責任編輯—龍穎慧
責任企劃—張瑋之
美術設計—張巖
內文排版—新鑫電腦排版工作室

編輯總監—蘇清霖
董事長—趙政岷
出版者—時報文化出版企業股份有限公司
108019台北市和平西路三段二四〇號一至七樓
發行專線—（〇二）二三〇六六八四二
讀者服務專線—〇八〇〇二三一七〇五
（〇二）二三〇四七一〇三
讀者服務傳真—（〇二）二三〇四六八五八
郵撥—一九三四四七二四　時報文化出版公司
信箱—10899臺北華江橋郵局第九九信箱

時報悅讀網—http://www.readingtimes.com.tw
綠活線臉書—https://www.facebook.com/readingtimesgreenlife
法律顧問—理律法律事務所　陳長文律師、李念祖律師
印　刷—盈昌印刷有限公司
初版一刷—二〇一九年六月二十一日
初版三刷—二〇二〇年十月十二日
定　價—新台幣三二〇元
（缺頁或破損的書，請寄回更換）

時報文化出版公司成立於一九七五年，
並於一九九九年股票上櫃公開發行，於二〇〇八年脫離中時集團非屬旺中，
以「尊重智慧與創意的文化事業」為信念。

女子人際學：受男性欣賞，女性喜愛，人際關係瞬間提升的100個教戰守則／有川真由美 著；葉韋利 譯. -- 初版. -- 臺北市：時報文化, 2019.06
面；　公分. --（人生顧問；363）
譯自：女子が毎日トクをする 人間関係のキホン
ISBN 978-957-13-7835-0（平裝）

1. 人際關係　2. 女性

177.3　　108008648

JOSHI GA MAINICHI TOKU WO SURU
NINGEN KANKEI NO KIHON
Copyright © 2018 by Mayumi ARIKAWA
All rights reserved.
Original Japanese edition published by PHP Institute, Inc.
Traditional Chinese translation rights arranged with
PHP Institute, Inc., Tokyo in care of Tuttle-Mori Agency, Inc., Tokyo through Future View Technology Ltd., Taipei.

ISBN 978-957-13-7835-0
Printed in Taiwan